だいわ文庫

# いい女の話し方

## ことばで自分を高める65の方法

中谷彰宏



大和書房

## 1
# 「ちょうどよかった、私もコーヒーが飲みたかった」と言おう。

たとえば、カップルで喫茶店に入りました。

いい女は、自分がたとえ紅茶を飲みたかったとしても、「僕、コーヒーにしようと思うけど」と言われたら、「ちょうど私もコーヒーを飲みたかった」と言います。

これが余裕なのです。

お店に入る前に「なんかコーヒーでも飲まない？」と言われたら、「え、なんでわかったの？」と言います。

そうすることによって、相手の自己肯定感が上がります。

**自分がガマンするということではなく、相手に合わせるのが大人です。**

たとえば、「お寿司を食べに行こうか」と誘われた時に、

「すみません、ちょっと今日、お昼に食べちゃったんです」

「じゃ、中華にする?」

「中華は昨日食べちゃったから」

となるのは、残念な女です。

ここで、いい女は「あ、いいですね」と、お昼にお寿司を食べたことはおくびにも出しません。

すぐに誘いにのっていけるのです。

「じゃ、焼肉行く?」と言って、「焼肉は、今ちょっとカロリー的にね」と言われると、誘いにくいです。

自分のストライクゾーンはできるだけ広くとっておきます。

なかなか会話がはずまない人は、ストライクゾーンが狭すぎるのです。

自分の好きなところをピンポイントで待ちすぎると、相手と話が合いません。

話のテーマがなかなかストライクゾーンへ来ないので、見送り三振の状態に

なります。

会話がはずむかどうかは、「ボール球でも打っていこう」ということができるかどうかです。

「じゃ、お寿司食べに行こう」と言われて、「え、なんでわかったの？」と言うと、相手は「気が合うんじゃないか」と思います。

それを2回続けて言われると、運命の人に感じます。

プレゼントをもらった時も、「え、なんでわかったの？」と言います。

一番ガッカリするのは、「持ってる」と言われることです。

その情報はいりません。

残念な女は、自分の持っている情報を全部バラしてしまうのです。

「なんでわかったの？」というのは、ある意味、かわいいウソです。

今日、お昼にお寿司を食べて、夜にお寿司に誘われた時は、「今日、お寿司の気分になっている」という意味では、相手と波長が合っているということです。

仲のいい2人ほど、そういうことが起こるのです。

昼と夜のタイミングのズレだけです。

少なくともジャンル的には「今日、お寿司の気分」というところで2人は合っています。

そこで、「今日、お昼はお寿司だったんです」とは言わなくていいのです。

1 ことばで自分を高める方法

## 「なんで、わかったの?」と言おう。

いい女の話し方　中谷彰宏

## ことばで自分を高める65の方法

1　「なんで、わかったの？」と言おう。

2　ダイエットの前に、話し方を変えよう。

3　大人の話し方を身につけよう。

4　ネット言葉を抜け出そう。

5　「ああ見えて……」とほめよう。

6　自分の名前を明るく発音できるように練習しよう。

7　まじめな人は、やわらかいネタだ。

8　仕事を聞かれたら「普通のＯＬ」と言うより、「パソコンの電話サポート」と言おう。

9　「なるほど、なるほど」と言わない。

母親と楽しく話せるようになろう。 10
自分のホンネとタテマエのズレに気づこう。 11
「好き」よりも「興味がある」と言おう。 12
苦手な人には、ほめ殺ししよう。 13
「お茶をいれますか」より、「お茶が入りました」。 14
リアクションを、200％で話そう。 15
「私は」を減らそう。 16
尻上がりの合づちを打とう。 17
「もう帰るの」と言わない。 18
家族をほめよう。 19
「いつも、素敵」と言わない。 20
「私のタクシー」と言わない。 21
会話に間を入れよう。 22
まばたきを、減らそう。 23

24 酸っぱい表情で話していることに気づこう。
25 逆接の言葉で、割り込まない。
26 メジャーな音程で、話そう。
27 浅い呼吸で話さない。
28 名前を添えよう。
29 挨拶だけで、終わらない。
30 お会計の間に、お店の人と話そう。
31 詰問しない。
32 1拍あけるクセをなくす。
33 正解を話そうとしない。
34 「今までで一番感動した本を教えてください」と聞かない。
35 聞く時には、共感・即答・前向きに話そう。
36 不機嫌な話題を出さない。
37 音量を、小さくしよう。

38 「あなたからどうぞ」と逃げない。
39 好きでない人と、爽やかに話そう。
40 キッカケより、楽しみ方を聞こう。
41 自分で話していることを、自分で聞こう。
42 興奮している時は、話さない。
43 「好きだけど、ここが嫌い」より「嫌いだけど、ここが好き」。
44 返事は、答えから入ろう。
45 子どもに言わせたくない言葉は、言わない。
46 「あと……」と自分でも言わない。
47 意味は自分で仮説を立てよう。
48 話し方をランクアップしよう。
49 どうせつまらないなら、短く話そう。
50 相手とお店の人の両方にお礼を言おう。
51 一番大切な話を、最後にとっておかない。

52 件名・現在地・目的地を言おう。
53 ウワサ話を抜け出そう。
54 わかったフリをしない。
55 知らない人と話そう。
56 「ごめん下さいませ」を言おう。
57 「ごきげんよう」と言える場所に行こう。
58 ボキャブラリーを、積み上げてレベルアップしよう。
59 「この魚、どこ産ですか？」と聞かない。
60 「長くなる話」をしない。
61 即、理由なしに、断ろう。
62 別れ際に、ダラダラ話をしない。
63 言葉に、アクションをつけよう。
64 お通夜では、故人のエピソードを話そう。
65 「かわいい」より「カッコいい」とほめよう。

目次

プロローグ
「ちょうどよかった、私もコーヒーが飲みたかった」と言おう。……3

1章 いい女かどうかは顔より話し方で決まる。

ルックスよりも、話し方の差のほうが大きい。……28
大人が、幼い話し方をすると、オバサンに見える。……30

いい女は、
本言葉のボキャブラリーが多い。……33

いい女は、
悪口の流れを
変えることができる。……38

名前を聞かれたら、
フルネームで答える。……41

いい女は、
イメージとギャップのある
ネタが話せる。……45

抽象的に返事することで、
拒否していると受け取られる。……48

「うん、うん」は、ノーになる。
同じ言葉を、繰り返さない。……51

いい女は、
母親との会話がうまい。
残念な女は、母親と話せない。……55

「頭ではわかってるんですが……」
と言う人は、
思考と感情にギャップがある。……59

## 2章 いい女の話は肯定から入る。

いい女は、自己肯定感があるので、
知ったかぶりをしない。……64

いい女は、
苦手な人をほめ殺す。……67

いい女は、
質問する前に、
行動する。……70
自分で思っているより、
リアクションが小さい。……74
いい女は、
相手を主語にして話せる。……76
「なるほど」より
「なるほどねー」。……78
いい女は、別れ際に
「忙しいのに、ありがとう」と言える。……80
奥さんがほめる夫は、伸びる。
ママがほめる子どもは、伸びる。……82

いい女は、「さらに」「ますます」「一段と」とほめる。……85
いい女は、急いでいる時ほど、言葉に余裕がある。……88
いい女の会話には、聞き手が入れる間がある。聞き手の話に、いい間で入ってくる。……90

# 3章 いい女の話し方は、リズムがある。

相手を見つめて、話ができる。……94
いい女は、笑顔で話す。好きな甘いものを口に含んだ時の表情が、笑顔。……97
いい女は、大きな声で、割り込まない。……100
相手より、明るいトーンで入る。……103
深い呼吸で話す。……105

「○○さん、こんにちは、○○です。」までノンブレスで言える。……107
挨拶に、ひと言を添える。……110
いい女は、お会計をしている間に、お店の人と話せる。……112
「何を話すんですか」より、「何を話すんでしょうね」。……116
いい女は、話し始めまで、ノータイムで即答できる。……118
正解より、スピードが勝つ。……120
「一番は」という質問は、相手が答えにくい。……122

話す時に大事なのは、要約・論理・修正。……125

## 4章 いい女は、ゴキゲンな会話をする。

不機嫌な話をすると、相手はゴキゲンな話ができなくなる。……132
声が大きく、話が長くなるのは、おばさん化だ。……135
「私ですか……」と言うことで、相手のテンションが下がる。……138

「好きな人となら、話せる」

というのは、ウソ。……140

「なんで?」と聞くことで、
相手を否定していることになる。……144

支離滅裂になるのは、
自分の話していることを
聞けていないからだ。……146

興奮している時は、
自分だけが
まくしたてていることに
気づかない。……148

あとから来るほうが、ホンネだ。……151

質問文を反復しない。……154
子どものイヤな言葉は、ママの口グセがうつったものだ。……158
「あとは？」と聞くことは、「今の話は面白くなかった」という意味になる。……160
「どういう意味ですか？」で、テンションが下がる。……162
方言の差がなくなって、上下の差が大きくなっている。……165
つまらない話は、長い。ダブルで、損をしている。……168

# 5章
# いい女は、大人の話し方をする。


いい女は、タクシーの運転手さんに、「ありがとうございました」と言える。…………172
いい女は、一番大切な話から先にできる。…………174
冒頭に「○○の件で」が言える。「今○○なので、これから○○します」。…………177
人の名前の入らない話ができる。…………182
「わかります」より「わかるような気がします」。…………184

友達同士で話せても、話し上手にはならない。……186
いい女は、「ませ」を自然に使う。……191
いい女は「ごきげんよう」がさりげなく言える。……194
飛び越えて上品な言葉を話そうとしても、バレる。……198
いい女は、ウンチクよりも、味わうことを優先する。……201
15秒で切ることができる話を、つなげていく。……205

ガマンしても、
仲よくなれない。
断りながら、
仲よくなれる。……208

いい女は、別れ際の会話を、
短くまとめられる。……210

いい女は、
「こちらへ、どうぞ」と
カウンターを拭いて誘う。……212

お通夜では、
故人のいいエピソードを話すことが、
最高の供養になる。……216

エピローグ
話し方で、
その人の価値観が出る。……218

ゾッとして
その決めがなかったら、
飽きられたんじゃないの!?
自分の話し方が、
暗かったからだ。
中谷彰宏

あきひろ

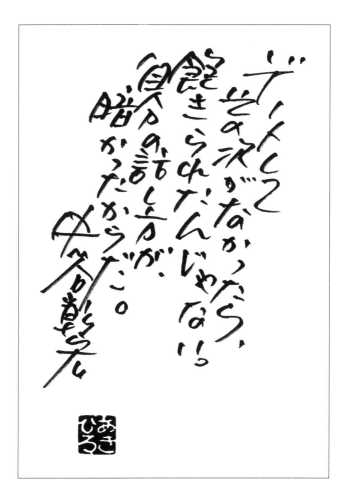

【この本は、　3人のために書きました。】

①面と向かって話すのが、苦手な人。

②口下手で、誤解されて損をしている人。

③話し方で、チャンスをつかみたい人。

# 1章

# いい女かどうかは顔より話し方で決まる。

# 2
# ルックスよりも、話し方の差のほうが大きい。

ダイエットやアンチエイジングには、誰しも一生懸命です。

話し方は優先順位が低いのです。

ある人に「私、いくつだと思います？」と聞かれました。

「○歳」と答えると、「でしょう？　本当は△歳なんですよ」と言うのです。

これは自慢です。

たしかに、その年齢で、ミニスカートをはいて、顔も美人で、娘さんと姉妹ぐらいにしか見えないので、「すごいな」と思いました。

ところが、話してみたら、超オバチャンです。

話し方を勉強していないのです。

話の中身がオバチャンで、笑い方もオバチャンです。

「あらら」と思いました。

オバチャンのルックスでオバチャンの話し方なら、年相応で違和感はありません。

**「ルックスが娘ぐらいに見える美魔女」で「話し方がオバチャン」では、そのギャップで、オバチャンよりも、もっと老けて見えるのです。**

逆に、見た目がオバチャンで話し方に品があると、粋な人に見えます。

ダイエットとアンチエイジングに成功したとしても、話し方でチャンスを逃します。

いい女になるには、まず、話し方を勉強したほうがいいのです。

2

ことばで自分を高める方法

## ダイエットの前に、話し方を変えよう。

# 3 大人が、幼い話し方をすると、オバサンに見える。

話し方には、「かわいい話し方」と「カッコいい話し方」とがあります。
女子高生なら、かわいい話し方でもいいのです。
いい大人がギャルっぽい話をすると、そのギャップでオバサンに見えます。
いい年の女がギャルっぽい服を着ていると、よけい老けて見えるのと同じです。
大人の女がセーラー服を着ると、ギョッとします。
大人なのに子どもの字を書くと、ギョッとします。
上品な話し方は大人の話し方です。
むずかしい言葉を知っているかどうかではありません。
大人の話し方ができるかどうかです。

**辞書に書いてあるのは、主に言葉の意味です。**
**使い方までは細かく書いていません。**

辞書だけで使い方を覚えることはできないのです。

本には文脈があるので、言葉を文脈の中で覚えることができます。

「枯れ木も山の賑わいですから来てくださいよ」と言う人がいます。

自分は間違えているとは思っていません。

ある人から「外見と言葉のギャップがないように、言葉を勉強したいと思います」というメールが来ました。

それは「自分は外見はちゃんとしている」という自慢になっています。

意味だけではなく、使い方を覚えることで、大人の話し方ができるようになるのです。

3

ことばで自分を高める方法

# 大人の話し方を身につけよう。

# 4 いい女は、本言葉のボキャブラリーが多い。

ボキャブラリーが少ないと、相手に自分の気持ちを正しく伝えることができません。

たとえば、すべてのことを「ムカつく」ですませる人がいます。

「ムカつく」には、あらゆる感情が入っています。

**「ムカつく」を、どういう言葉に置きかえるかです。**

「ムカつくって、具体的にどういうこと?」と聞かれて、「ムカつくからムカつくんだよ」と言うのです。

言葉には、

① 人と話すため

② 自分の考えを整理するため

という2つの目的があります。
ボキャブラリーが少ないと、自分の頭の中が整理できなくなります。
人に自分の気持ちを伝える時も、間違って伝わります。
「私はそんなことを言っていない」と言いますが、言っているのです。
それは言葉が足りないからです。
ボキャブラリーを増やすためには、本を読むことです。
ネット社会は「ムカつく」「ウザい」「終わっている」で成り立っています。
たとえ負の側面でも、本の中には負のボキャブラリーがたくさんそろっています。

ネットは話し言葉なので、言葉の数が少ないのです。
言葉の数が圧倒的に多いのが、本と新聞です。
言葉には、「本言葉」と「ネット言葉」とがあります。
ネット言葉は、圧倒的に言葉の数が少ないのです。
ネットだけでやりとりしているなら、不具合はありません。

本を読んだ時に、ひとつも意味がわからないのです。

その人は、ちゃんとした人と話す時もネット言葉で話してしまいます。

10代、20代の人は、特にそのことを意識したほうがいいのです。

**そうしないと、ちゃんとした人と出会った時に「この人は言葉を知らないから話ができない」と思われます**。

たとえば、会社の会長さんと会う機会があったとします。

会長さんは戦争体験があるので、戦争の時の話をします。

戦争体験に「マジっすか」というリアクションは、ないのです。

そういう人には話したくなります。

沖縄のおばあから戦争の悲惨さを聞いた時に、「超ヤバい」はないのです。

「超ヤバい」にかわる言葉は本の中にあります。

ネット言葉にはありません。

いつの間にか、「本言葉」と「ネット言葉」の二極に分かれているのです。

話してみると、本を読む人か読まない人かでくっきり分かれます。

本を読んでいる人は、ネット言葉がわかります。

ネット言葉しか知らない人は、本の言葉がわかりません。

本を読んでいる人は、ネット言葉がなんでもかんでも「ムカつく」「ウザい」で片づけてしまうことに気づいています。

言葉の使い分けがきちんとできていて、気持ちを伝える言葉が厳密にわかっているのです。


**正しい言葉を知っている人は、ダラダラ話さないで、ドンピシャの言葉で話します。**


適切に表現する単語を知っているからです。

ネット言葉では、「わかってよ」となります。

それではわからないのです。

12色のクレヨンか240色のクレヨンかの違いです。

赤しか知らない人と、ワインレッドとバーガンディとボルドーの3色の違いがわかる人の差なのです。

4

ことばで自分を高める方法

# ネット言葉を抜け出そう。

# 5 いい女は、悪口の流れを変えることができる。

自分ではなく、ほかの人の会話の流れで悪口になっていくことがあります。

この時に、残念な女はその悪口の流れに流されてしまいます。

本来、自分は悪口を言うつもりではなかったのに、まわりのみんながある人の悪口を言い始めたことによって、自分も言わざるをえないという状況です。

長所もあれば欠点もあるのが人間です。

**ある人の欠点の話題で盛り上がった時に、いい女は、その流れを変えることができます。**

「あの人は欠点だらけで人間としては最低だけど、ああ見えて優しいところがあるんだよね」と言います。

悪い流れの中に「ああ見えて」というワードを入れることが大切なのです。残念な女は、「〇〇さんて美人だよね。でも、ああ見えて、実は顔をいじっているらしいよ」と言います。

いい話の流れの中で「ああ見えて」を入れるのです。「ああ見えて」という言葉で、話の流れが変わります。

ほめ言葉が続いている時は、その流れにのっていけばいいのです。女同士の会話で、ほめ言葉で盛り上がることはほとんどありません。

男性がまじって会話している時に同性がほめられていると、「ああ見えて」という言葉で反転させたいと思うのは、残念な女です。

その結果、自己肯定感が下がります。

まわりからも、「あの人、誰かをほめていると必ず不機嫌になるよね」と言われます。

いい女は、男性もいる場で、同性がほめられる話の流れにのっていけるのです。

5

ことばで自分を高める方法

# 「ああ見えて……」とほめよう。

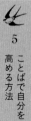

# 6 名前を聞かれたら、フルネームで答える。

中谷塾では、初めて来た人に名前を聞きます。
ふだん、仕事でも名前を聞かれる場面は、少ないです。
残念な女は、名前を聞かれると苗字だけを答えます。
「下の名前は？」というやりとりが、聞き手に手間をとらせます。
冒頭からフルネームで言えば、なんの問題もありません。
苗字だけで答えると、相手の手数を増やします。
「下の名前は個人情報なので」という拒否にも感じられます。
その人が苗字だけ言うのは、めんどくさいからです。
知らない人に名前を名乗る機会が、いかに少ないかということです。
仲よし3人組で世界が成り立っている女性は多いのです。

ネットの中はハンドルネームです。

本名を名乗ることはありません。

中谷塾で私は、ツッコんであげたほうがいいのか、いじってあげたほうが喜ぶのか、ほっといてあげたほうがいいのか、その人のキャラクターを見きわめます。

中谷塾には、「参加の人」と「見物の人」の2通りの人が来ます。

見物の人は、名前を聞くと苗字しか言いません。

フルネームで言うのは参加する人です。

これで分かれます。

**相手と親しくなりたい人は、フルネームで名乗ります。**

**親しくなりたいと思っていない人は、苗字だけを言います。**

「のぞき見なので、話しかけないでね」ということです。

素性を明かしたくないのです。

本当は参加したいのに苗字だけで言う人は、損をしています。

ふだんから参加の場に行っていないことが、ここでわかります。

名前を名乗る時も暗いのです。


**自分の名前はサウンドロゴです。**


言い方が暗いのは、言い慣れていないからです。

古舘さんは、「皆さん、こんばんは。古舘伊知郎です」と、明るく言います。

「古舘」より「伊知郎」のほうが高い音になります。

ほとんどの人が、苗字より名前のほうが低くなります。

吉田照美さんが「吉田照美です」と言うのも、名前のほうが高いです。

名前の名乗り方が暗くて不明瞭な人が多いのです。

就活の面接に通るのは、名前をはっきり言える人です。

「学校・学部・学科・氏名を言ってください」と言われた時に、名前を噛んでしまう人がいるのです。

その人は、行動半径が友達同士の間にしかないことがわかります。

エントリーシートには「知らない人と話すのが得意」と書いてあります。

それはウソです。
名乗る時の滑舌の悪さで、それがバレてしまうのです。

6
ことばで自分を高める方法

## 自分の名前を明るく発音できるように練習しよう。

## 7 いい女は、イメージとギャップのあるネタが話せる。

自己紹介をする時の一番のポイントは、その人のイメージとギャップのあるネタを話すことです。

お嬢様系の人がワイルドなことをしていたり、ワイルドな人がお嬢様系の趣味を持っていると、印象に残ります。

自分が「こう見られたい」とムリヤリつくったものは、「そう見られたいんだな。イタいな」というところで終わってしまいます。

**自己肯定感が高い人は、「エーッ、そんな趣味があるんだね」と、イメージと違うところを素直に出せます。**

自己肯定感が低い人は、変わった趣味を持っていても、自分がよく見られるような自己紹介しかしません。

まじめな人はやわらかいネタ、やわらかいイメージの人はかたいネタを言えばいいのです。

「みんなから自分はどう見られているか」と、客観的に自分を見られる人は、ギャップのある自己紹介ができるので印象に残ります。

かたい人がかたいものを好きと言っても、イメージどおりで印象に残りません。

中谷塾に、山成《やまなり》義人さんという悉皆師《しっかいし》の人がいます。

悉皆師は、着物の修復師です。

京都で修業をして、今は埼玉でお店をされています。

山成さんの趣味はエレキギターです。

京都風の優しい話し方で、エレキギターが趣味というのはギャップがあるので、一度でみんなの印象に残るのです。

7

ことばで自分を高める方法

# まじめな人は、やわらかいネタだ。

# 8 抽象的に返事することで、拒否していると受け取られる。

「仕事は何をしているの?」と聞かれると、残念な女は「OLです」と答えます。「普通の会社員です」「公務員です」と答えます。

**これでは、あとの会話が展開しません。**

職業を聞かれて、

「営業です」

「え、何の営業ですか?」

「メーカーです」

「何を扱ってるの?」

という会話になるのは、最初に何系の仕事かを答えていないからです。

世の中にはマニアックな仕事もあります。

その時、「ちょっと言ってもわからないと思う」と言うと、「もうあなたと仲よくなりたくないです。どうせわからないでしょう」と、切り捨てている感じがします。

たとえば、「普通のＯＬ」ではなく、「パソコンの電話のサポートをしています」と言われたら、「うわぁ、大変そうな仕事だな。大変でしょう」となります。

それだけで相手のことを覚えます。

「ＯＬです」だけでは、共感もできません。

**「個人情報だから、もうそれ以上入ってこないでね」と、ブロックしているようなものです**。

たとえば「家はどこ?」と聞かれて、「東京」と答える人がいます。

海外で会っているわけではないのです。

「千葉です」と「浦安です」という答えでも、違いがあります。

千葉は広いです。

「浦安です」と言われると、「ディズニーランドが近くていいですね」とイメージがふくらみます。

「家はどこ?」と聞かれて、「千葉です」と言う人は、「これ以上は個人情報だから聞かないで」と拒否しているのです。

本人は悪意なく答えていても、チャンスを逃していることに気づかないのです。

8

ことばで自分を高める方法

**仕事を聞かれたら「普通のＯＬ」と言うより、「パソコンの電話サポート」と言おう。**

## 9 「うん、うん」は、ノーになる。同じ言葉を、繰り返さない。

何げなしに口にしている残念な言葉に「反復言葉」があります。

「うん、うん」

「おいしい、おいしい」

「うれしい、うれしい」

「楽しい、楽しい」

「偉い、偉い」

しまいには、「ああ、すごい、すごい」と、「ああ」がつきます。

言葉を2回繰り返すと、強い否定になるのです。

反復言葉はクセになります。

**本当に納得した時の「なるほど」は、1回で終わります。**

「なるほど、なるほど」とは言いません。

2回繰り返すのは、はじき返す言葉です。

子どもは、お母さんに注意されると、「わかった、わかった」「うん、うん」と言います。

早く終わらせたいからです。

本人は気づいていませんが、拒否反応ということは相手にはバレています。

「ちゃんと相づちを打っています」と言いますが、その相づちがダブルアクションなのです。

「うん、うん」と2回うなずくのは、聞いていない時です。

本当のうなずきは、ゆっくり1回です。

2回うなずく時は、スピードも速くなります。

これは相手からは否定に受け取られます。

本人は気づいていません。

まったく悪意がなく、いい人なのに、話し方で損している人がたくさんいます。

話し方で残念な女になっているのです。

悪意があるかどうかではありません。

大切なのは、受け取る人に悪意で伝わるか伝わらないかです。

相手に「うん、うん」と言われても平気な人が、一番危ないのです。

この人は、いい人です。

**「うん、うん」と言われて傷つく人は、自分では言わないようにします。**

そういう人は言葉づかいが丁寧になります。

ポジティブシンキング系の人は、人に対してイヤなことを平気でズケズケ言います。

自分は、それを言われても平気だからです。

言葉にクヨクヨするタイプの人のほうが、大人のいい女の話し方ができるのです。

9

ことばで自分を高める方法

#「なるほど、なるほど」と言わない。

## 10

# いい女は、母親との会話がうまい。残念な女は、母親と話せない。

いい女は、自分の母親との会話がスムーズです。

残念な女は、自分の母親との会話ができません。

お父さんとの会話がうまいかヘタかは関係ありません。

父親は話が苦手なので、お父さんと話をするのがそんなにうまくないのは普通です。

私のところへ相談に来て、「人間関係がうまくいっていない」と言う人は、究極、母親との関係がうまくいっていません。

「人と話すのが苦手なんです」と言う人に、「お母さんと話しているか」と聞くと、

「なんであんな人と話さなくちゃいけないんだ。許せない」

「うちの母親はおかしいんです。最低なんです」

と、母親の悪口を言い始めます。

女子高生が思春期の反抗期で「許せない」「クソババア」と言うのは仕方ありません。

子を持つ親になると、「お母さんはこんな気持ちだったのか」とわかるようになります。

子どもが学校に行く年齢になっても、「うちの母親、許せない」と言う人には、「あなたも子どもに同じことを言われるようになるよ」とアドバイスします。

**まず母親と楽しく和やかに話ができるようになって、初めてその人は誰とでも話ができるようになるのです。**

これが会話の一番基本です。

「母親と話ができないけれども、ほかの人とは話せる」ということはないのです。

母親と話ができない男の子はモテません。

「母親のことを許せない」と言う人は、女性に多いです。

「お母さんはお母さんで大変なんだな」

「100％求めてはいけないんだな」

「自分の思うとおりにならないんだな」

とわかると、赦《ゆる》せるようになります。

この「赦す」は、「許可」ではありません。

円滑なコミュニケーションのベースは、寛大さです。

**「自分の思いどおりになることばかりではない」とわかることによって、会話のコミュニケーションが成り立つのです。**

そうしないと、「なんでこのことがわからないんだ」「なんで通じないんだ」「何回言ったらわかるんだ」と言ってしまいます。

どれだけ寛大であるかが、どれだけその人が大人の会話ができるかということとにつながるのです。

10

ことばで自分を高める方法

# 母親と楽しく話せるようになろう。

# 11

# 「頭ではわかってるんですが……」と言う人は、思考と感情にギャップがある。

「頭ではわかってるんですが」と言う人は、まじめな人です。

ただし、いい女ではありません。

優等生で、頭でっかちで、オバチャンになっていくタイプです。

「頭ではわかっている」というのは、思考です。

「でも、できない」というのは、感情です。

頭では前向き、感情では後ろ向きという逆向きのことが起こっています。

これは、ポジティブシンキング系の女性に多いのです。

言っていることはポジティブシンキングなのに、感情がネガティブシンキングなのです。

思考も感情もネガティブな人は、実はちゃんとしています。

**思考と感情が分離しないで一貫性があるからです。**

それはそれで、爽やかな人です。

一番爽やかでないのは、思考がポジティブで感情がネガティブな人です。

言っていることと、していることが支離滅裂なのです。

アクセルを踏みながらブレーキを踏むので、壊れてしまいます。

ホンネとタテマエのダブルスタンダードでも、本人が気づいていればOKです。

まじめな人は、自分の中でホンネとタテマエがズレていることに気づきません。

「めんどくさいから、やりたくない」というのは感情です。

優等生は、やりたくなくても「ぜひやりたいです」とウソをつきます。

自分の中で分離していくのです。

まわりからは「言っていることと、やっていることが違うよね」と言われます。
この人は後悔が増えていきます。
本当はしたくないので、グチ、言いわけ、予防線が多くなるのです。

11
ことばで自分を高める方法

## 自分のホンネとタテマエのズレに気づこう。

# 2章

# いい女の話は肯定から入る。

## 12 いい女は、自己肯定感があるので、知ったかぶりをしない。

「言葉づかい」と「自己肯定感」とは連動しています。

その人の言葉づかいで、自己肯定感が高いか低いかがわかります。

いい女は自己肯定感が高いので、知ったかぶりをしません。

残念な女は知ったかぶりをします。

クラシックの話が出た時に、たいして好きでもないのに「私もクラシックが好きです」と言うのです。

「好き」という言葉を、どういう定義で使っているかです。

その人に「作曲家は誰が好き?」と聞くと、「リストが好き」と答えました。

「リストの何が好き?」と聞くと、曲名を答えました。

「その曲は誰の演奏が好き?」と聞くと、「誰々の演奏」と答えました。

ここで「ほら、私は知ってるでしょう？」と、ドヤ顔になっています。

でも、ここで終わりです。

「いつの演奏が一番好き？」と聞くと、答えられなくなります。

1回しか聞いたことがないからです。

CDを1枚持っているだけなので、比較する対象がないのです。

**「好き」の中には「体験」と「勉強」とが入っています。**

**勉強して詳しくなって、初めて「好き」と言えるのです。**

体験と勉強のない人の「好き」は、単に「興味がある」ということです。

「興味がある」を「好き」と言ってしまうのが、知ったかぶりです。

本当に詳しくて勉強している人がいた時に、知ったかぶりは目立ちます。

詳しい人ほど、「それほど詳しくない」と言うのです。

「私は京都はちょっと詳しいよ」と言っている人は、京都の人からバカにされています。

「興味がある」と言うと、謙虚です。

そういう人のほうが詳しいし、勉強していて、体験数も多いのです。

知ったかぶりをする人は、自己肯定感が低いのです。

「こいつはクラシックの話もできない」と思われるのではないかと、ビクビクしています。

知ったかぶりが相手からバカにされていることにも気づきません。

相手もそれをわざわざ否定しないので、なおさら「どうよ」というドヤ顔になっていくのです。

12 ことばで自分を高める方法

## 「好き」よりも「興味がある」と言おう。

# 13 いい女は、苦手な人をほめ殺す。

「苦手な人と、どう話せるか」で、いい女かどうかがわかります。

残念な女は、苦手な人と話しません。

できるだけ苦手な人からは逃げます。

挨拶もできるだけしない、会わないようにする、廊下で向こうから来たら、できるだけすれ違わないようにします。

挨拶をしないうしろめたさで、相手から嫌われているような気がします。

陰では「あの人、本当にめんどくさい。苦手」と言ったりします。

**そういう人は、相手から追いかけられるのに逃げるから、よけいめんどくさいことになるのです。**

大人になると、怖そうな人ほど怖くないということがわかります。

私もサラリーマン時代、コワ面《もて》の人が社内にいました。

しばらくして、「中谷君、ちょっと」とそのコワ面の人に一緒に仕事するために呼ばれた時は、「よりにもよって捕まった」と思いました。

コワ面の人は、実際に会うと超優しい人でした。

一緒に仕事をする機会がなければ、私は一生あの人をコワ面の怖い人だと思っていたところです。

いい女は、苦手な人に対して、ほめ殺しをします。

これで自己肯定感が上がるのです。

相手の悪口を言うと、自己肯定感は下がります。

すると、ますます相手と相対の位置関係が下がります。

**ほめることで自己肯定感が上がると、苦手な相手が平気になるのです。**

誰でも、尊敬する人に対してはほめ殺しをします。

苦手な人も、ほめ殺しをすればいいのです。

それも、増量の200%でほめ殺しします。

そうしているうちに、苦手でなくなるのです。

13

ことばで自分を高める方法

## 苦手な人には、ほめ殺ししよう。

## 14

# いい女は、質問する前に、行動する。

いい女は、「発言」と「行動」のタイムラグがありません。

たとえば、「お茶をいれますか」は、「本当にいるんですか」「本当にのど渇いてますか」「いらないでしょう?」というニュアンスがあります。

本人は単に聞いているつもりです。

残念な女は質問が多いのです。

いい女は、質問しないで「お茶が入りました」と言います。

『火曜日のごちそうはヒキガエル』という児童文学があります。

ヒキガエルがミミズクにつかまって、火曜日のミミズクの誕生日に食べられることになります。

食べられないように、ヒキガエルがミミズクと友達になっていくというお話です。

ヒキガエルは、ミミズクに「すみませんけど、お茶を飲んでいいですか」と聞きます。

「勝手にしろ」

「あなたも飲みますか」

「いらない」

「もう入れちゃいました」

と言うのです。

これがいい女の会話です。

倦怠期の夫婦で、だんだんめんどくさくなってくると、つい「お茶をいれますか」と言ってしまいます。

これは「本当にいるの?」というニュアンスがあります。

**「誕生日のプレゼントいりますか」と聞くのは、おかしいです。**

「お茶が入りました」という表現は、客観描写です。

「お茶をいれてあげました」と言うと、恩着せがましくなります。

「お茶が入りました」は、「お茶が勝手に入った」という感じになります。

京都弁の丁寧さがあるのです。

**男性が京都弁に弱いのは、客観描写が多いからです。**

たとえば、お笑いのキム兄が、

「お水下さい」と言い、

「氷入れますか」と聞かれて
「入ってもらってください」

と言うのは、客観描写です。

「おじさん、どこか行った？」

「おじさんの下駄があるか見て」

「下駄、置いてはるで」

と言うのも、客観描写です。

「下駄がある」ではないのです。
「お茶が入りました」は、英語にすると主語を間違えます。
アニメのように、お茶が生きていることになります。
『美女と野獣』のポットと同じです。
いい女は、モノを擬人化できるのです。

## 14

ことばで自分を高める方法

## 「お茶をいれますか」より、「お茶が入りました」。

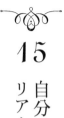

# 15 自分で思っているより、リアクションが小さい。

リアクションは、大きすぎるということはありません。

自分が200％でリアクションしても、相手にとっては「まあ、そんなものかな」という印象です。

リアクションをしているつもりでも、小さかったり、足りていないので、話し手は「意外にインパクトがない」と感じます。

聞き手は、「エーッ」というビックリ感を表現できていないのです。

話し手は常に、「相手はこれを聞いてくれているだろうか」とビクビクしながら話しています。

**リアクションが小さいと「今の話、面白くなかったかな」と不安になります。**

おいしいものを食べた時は、「ウワッ、何これ」というリアクションでもいいのです。

リアクションは喜怒哀楽なので、怒ったり喜んだりというメジャーとマイナーの両方があります。

一番つまらないのは、リアクションが小さい人です。

本人は感動していても、それがリアクションとして出てこないのです。

おいしいものを食べさせた時に「中谷さん、なんでこれをもっと早く食べに連れてきてくれないんですか」と怒る人がいます。

怒られると「そこまで感動してくれたのか」とうれしいです。

「超おいしい」と「遅いよ、連れてくるのが！」というのは、どちらもいいリアクションなのです。

15 ことばで自分を高める方法

## リアクションを、200％で話そう。

# 16 いい女は、相手を主語にして話せる。

残念な女は、話す時に「私は」が多いのです。

日本語の会話は、「私は」という主語が少ないのが特徴です。

英語では、必ず「I」という主語が入ります。

うまい翻訳者が日本語に訳すと、「I」は消えています。

中学の英文和訳のように、「私は〜」「私が〇〇した時」「私の△△」と、「私」が多いのはヘタな翻訳です。

いい女は、主語を相手にします。

**主語を相手に持っていくことによって、「私は」を消し、相手中心の話にします。**

それでも同じ意味のことを言えるわけです。

会話の中で「私が」が多い人は、書いた文章を見てもやはり「私が」が多いです。

文章を書く時も、ふだん自分が話している思考回路になっているので、「私が」「私は」「私を」「私に」を連発します。

「私を見て」と言う人は、自己肯定感が低いために、「私はみんなから認知されていないんじゃないか」と心配するのです。

いい女は自己肯定感が高いので、「私は」と主張しなくても大丈夫なのです。

16 ことばで自分を高める方法

「私は」を減らそう。

# 17 「なるほど」より「なるほどねー」。

話をしている時に、「なるほど」と言われると、まだ相手が共感してくれているのかどうかわかりません。

話し手は、自分の話をもう少し聞き手の体の中に入れてほしいのです。

残念な女は「なるほど」で終わります。

いい女は、「なるほどねー」と言います。

**「ねー」を高い音にするのがコツです。**

「ねー」の音が下がると、「反論があるのかな」と思ったり、上から目線で見られた感じがします。

相手に対して疑問がある時は、「おや?・」「え?・」が低音になります。

低い「え?・」は、抵抗や拒絶を意味するのです。

高い音で「え?」と言うと、ビックリしている状態です。

合づちで大切なのは、尻上がりにすることです。

この合づちは堀潤さんが感じいいのです。

堀さんは、街の取材レポーターをする中で、感じいい話し方を磨いたのだと推測します。

堀潤さんは話を聞きながら、「うん、うん」「ええ、ええ」と尻上がりに合づちを打ちます。

それによって、話し手は「相手がわかってくれている」と安心するのです。

17 ことばで自分を高める方法

## 尻上がりの合づちを打とう。

# 18 いい女は、別れ際に「忙しいのに、ありがとう」と言える。

残念な女は、別れ際に「もう帰るの?」と言います。

これは相手に甘える言葉です。

甘えたほうがかわいいし、相手に愛情が伝わると思っているのです。

男性は、これを言われると、次に会いにくくなります。

自分が冷たい男になったような気がするからです。

**「忙しいのに、ありがとう」と言われると、「コーヒー1杯だけでも飲んで行こうかな」という気持ちになります。**

「相手がどう動くか」まで計算して話せるのが、いい女です。

大切なのは、相手を悪人にしないことです。

「もう帰るの?」は、相手を悪人にする言葉です。

相手は、30分会うために、2時間かけて来てくれているのです。

ひょっとしたら、仕事を抜け出して来てくれています。

たとえ忙しくなくても、「忙しいのに、ありがとう」と言うことで、相手は「わかってくれているな」と思えるのです。

18 ことばで自分を高める方法

## 「もう帰るの」と言わない。

# 19

## 奥さんがほめる夫は、伸びる。ママがほめる子どもは、伸びる。

残念な女は、友達の前でダンナの悪口を言います。

ダンナに向かって直接ほめることもありません。

そうすると、そのダンナは出世しなくなります。

子どもも、ママがほめないと伸びません。

それは、本人に向かっても、ほかの人たちに向かってでも同じです。

「本当にうちの子は片づけをしない」と言っていると、それが子どもに伝わり、その言葉どおりになってしまいます。

**子どもに片づけをしてもらいたいなら、「本当にうちの子はよく片づけをするし、家の片づけまで手伝ってくれる」とほめればいいのです。**

結局、言霊が宿っているので、自分が話しているとおりになります。

大切なのは、家族をほめることです。

ふだん、最もほめないのは自分の家族です。

「うちの宿六《やどろく》が」と言ってしまうのです。

本人に悪意はなく、「ダメ亭主が、本当に出世できなくて、給料安くて、仕事ができなくて。こんな人と結婚するんじゃなかった」と、定型文として言うのが謙遜だと考えています。

これは謙遜の美徳として言っているのです。

本当に嫌いなわけではありません。

ところが、そこに言霊が生まれるのです。

「うちのダンナは家事を手伝ってくれない」と言う人がいます。

そういう時、「以前は手伝ってくれることもあったけど、今はちっとも手伝ってくれない」と、大体「ちっとも」が入ります。

それによって、ダンナさんは少しの手伝いもしたくなくなります。

奥さんが出した言葉で、「そうなんだな」とダンナさんの解釈が決まってくるのです。
逆に、「うちのダンナはすごくよく手伝ってくれる」とほめていると、そういうダンナさんになり、奥さんの自己肯定感も上がるのです。

19
ことばで自分を高める方法

# 家族をほめよう。

# 20 いい女は、「さらに」「ますます」「一段と」とほめる。

「どうほめればいいいか、ほめ方がわからない」と言う人がいます。

残念な女は、

「いつも素敵ですね」

「いつもお若いですね」

「いつもおきれいですね」

と、ほめます。

これらはすべてNGです。

**「いつも」ということは、変化に気づいていないのです。**

ほめるコツは、「さらに」「ますます」「一段と」という3つの言葉を使うことです。

いい女は、

「さらに若々しいですね」

「ますますきれいになったね」

「一段とお元気ですね」

と、ほめます。

これらは、相手が変化していることに気づいています。

前のことも覚えているということです。

このボキャブラリーがあることによって、すぐにほめることができます。

**「さらに若々しいですね」「さらに引き締まったね」というのは、毎回使えます。**

ほめる言葉がなくならないのです。

言われた人の自己肯定感も上がります。

いい女の会話は、言われた人と言った人、両者の自己肯定感が上がるのです。

20

ことばで自分を高める方法

# 「いつも、素敵」と言わない。

# 21

# いい女は、急いでいる時ほど、言葉に余裕がある。

残念な女も、余裕のある時には、いい女の言葉を話します。
勝負が分かれるのは、イラッとするような、少し余裕のない状況で、それを使えるかどうかです。

たとえば、タクシーを待っていて、やっと来たタクシーを川上からスッと出てきた人に乗られてしまうことがあります。

**この時、残念な女は「ああ、私のタクシー」と言います。**

「私のタクシー」ではありません。
東京無線とか日本交通のタクシーです。
いい女は「私の」とは言わないのです。

21

ことばで自分を高める方法

# 「私のタクシー」と言わない。

# 22

# いい女の会話には、聞き手が入れる間《ま》がある。聞き手の話に、いい間《ま》で入ってくる。

ＴＶで、コメンテーターが何人も出ている番組があります。

そういう場で、１人で話し続けるタイプの人がいます。

自分の主張を言いたいがために、相手に入るスキ間を与えないのです。

その人は、文章を長くして、間《ま》をつくらないようにしています。

相手が入ってきそうになると、「ちょっと待ってください。まだ話が終わっていない」とか「今、私が話しているんです」と言って、間《ま》を切っていくのです。

これが残念な女の話し方です。

いい女は、どんなに自分が話したいことがあっても、ちゃんと間《ま》をつくって、相手に入る余裕を与えます。

**自分の主義主張が相手と違っていたとしても、ディスカッションができるのです。**

相手が反論してきても、「たしかにそうですね。それに対しては、こうしたらどうでしょうか」と返す余裕があるのです。

これが自己肯定感が高いということです。

自分の話をつなごうとする人は、自己肯定感が低いのです。

「今、入ってこられたら負ける」と思って、スキ間を与えないように話し続けるのです。

ゆったり話せばいいということではありません。

ゆったりでも、間《ま》がないと入れないのです。

ダラダラずっと話し続けていて、入れないタイプもいます。

グチは、これが多いのです。

速いとか遅いとかは関係ありません。

大切なのは、相手が入る間《ま》をつくれるかどうかです。
わかりやすい例で言うと、高速道路ではクルマが交互に合流します。
スピードが遅くても、ちゃんと間《ま》をつくらないと入れません。
会話に間《ま》をつくるためには、1つの話を短く切ればいいのです。

22
ことばで自分を高める方法

## 会話に間《ま》を入れよう。

# 3章

# いい女の話し方は、リズムがある。

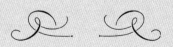

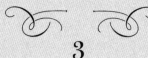

# 23 相手を見つめて、話ができる。

残念な女は、とにかく相手から目線をそらします。

相手が目線をはずす前に、「見ちゃいけない」と自分から目線をそらすのです。

相手は拒否されたように感じます。

「見つめてごらん」と言うと、今度はまばたきが増えます。

そうすると、相手に緊張感が伝わります。

**いい雰囲気の話し方ができるのは、その場の緊張がほぐれているということです。**

残念な女は、自分のまばたきが多いことに気づきません。

目線がはずれていることに気づきません。

中には、頑張って相手を見つめようとして、にらむ人がいます。

にらむと、相手は怒られているように感じます。

そういう人は、ふだんから、何かに見とれたり眺めたりするという行為がないのです。

景色は、にらんで見るものではありません。

残念な女は、余裕のない毎日で、きれいな景色をぼんやり見ることがないのです。

「きれいな夕焼けだね」と言うと、普通は夕焼けを眺めます。

残念な女は、「うわぁ」と見てから、「で？」と景色から目を離すのが早いのです。

日常生活では、スーパーの買い物で値段を見たり、スマートフォンでネットを見たり、常に目線がピンポイントでチラチラ動きます。

それが人と会った時にも出てしまいます。

自然を眺められる人は、自然をチラチラ見ることはありません。

その結果、人と話す時も相手を見つめることができるのです。

23

ことばで自分を高める方法

## まばたきを、減らそう。

## 24

# いい女は、笑顔で話す。好きな甘いものを口に含んだ時の表情が、笑顔。

いい女は、いいことも悪いことも笑顔で話せます。

怒っている時ですら、笑顔で話せるのです。

残念な女も「私も笑顔で話しています」と言います。

ところが、「笑顔をしてみて」と言うと、不機嫌な顔をします。

「いや、不機嫌ではなく、ゴキゲンな顔をして」と言うと、「しています」と言うのです。

**ためしに不機嫌な顔をしてもらうと、ゴキゲンな顔と差がないのです。**

本人は使い分けているつもりですが、表情筋が動かないので、まわりから見ると同じです。

これは怖いです。

不機嫌がバレないのはいいのですが、まわりから見ると、どちらも不機嫌な顔に見えます。

笑顔は、表情の落差が大きいことです。

不機嫌な顔は、暗い顔ではなく、表情の落差が小さいことです。

笑顔をつくるには、自分の好きな甘い食べ物を口に含んだところを思い浮かべます。

酸っぱい食べ物、苦い食べ物を口に含んだところを思い浮かべると、不機嫌な顔になります。

原始人の時代から、表情は食べ物から生まれます。

おいしいものを食べた幸せ感が笑顔です。

怪談は、通常、怖いシーンを怖い顔で話します。

稲川淳二さんは、怪談を語る時でも、ずっと笑顔です。

これが怖いのに感じのいい話し方なのです。

24

ことばで自分を
高める方法

# 酸っぱい表情で
# 話していることに気づこう。

# 25 いい女は、大きな声で、割り込まない。

会話はキャッチボールです。

Aさんが話していたところにBさんが入ってきます。

Bさんは、「聞いて、聞いて」と、Aさんより大きな声で入ります。

これが残念な女の会話です。

自分の話をするために相手の話を断ち切るのは、キャッチボールのリズムが悪いのです。

**間合いが読めれば、大きい声を出す必要はありません**。

残念な女は、相手より大きい声で入らないと、相手の話を断ち切れないと思っているのです。

もう1つ、残念な女は否定で入ります。
「でも」とか「ていうか」と言うのは、入るキッカケがないからです。
高速道路でクルマが合流する時は、リズムがわかれば入れます。
運転はリズムです。
「ブブー」とクラクションを鳴らす必要はないのです。
オバチャン2人が話していると、声はどんどん大きくなります。
「ていうか」と言うと、相手も「ていうか」で入ってきます。
ここから逆接のやりとりが始まります。
相手の会話に入る時のスムーズなハーモニーがないのです。
水泳のうまい人は、水しぶきが立ちません。
ヘタな人は、水しぶきがパチャパチャ立っています。
会話においても、水しぶきを立てずにスムーズに入ることが大切なのです。

25

ことばで自分を高める方法

# 逆接の言葉で、割り込まない。

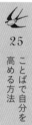

# 26 相手より、明るいトーンで入る。

上手に話に割り込めるいい女は、たとえば相手が「この間、こんな面白いことがあって」という話をした時に、「ああ、そういうのってありますね」と、明るいトーンで入ります。

残念な女は、「そんなことある?」と、低いトーンで入ります。

これで気分が下がります。

**「こんにちは」を自分より高いトーンで言われると、歓迎されている感があります。**

電話で「中谷彰宏です」と言った時に、「あっ、中谷さん」と高いトーンで受けてもらえると、それだけでウェルカムな感じがするのです。

低いトーンで「エッ」と言われると、気分が下がります。

音楽のコードには、メジャー（長調）とマイナー（短調）があります。

いい女は長調で話します。

残念な女は短調で話します。

長調の「おはようございます」か、短調の「おはようございます」かで、分かれるのです。

自分がいかに暗いトーンで話しているか、本人は気づいていません。

この時、表情はダラッと下がっています。

口調も怪談口調です。

冒頭のトーンが、そのあとの全部の会話のトーンになるのです。

26
ことばで自分を高める方法

## メジャーな音程で、話そう。

# 27 深い呼吸で話す。

もともと声が低い人もいます。

そういう人でも、腹式呼吸で、横隔膜を上下させて、空気をたっぷり吸うと、声は明るくなります。

過呼吸で呼吸が浅くなると、声が暗くなって、いわゆる「震えた声」になるのです。

声のトーンは呼吸量で決まります。

**低いのに明るい声もあります。**

**高いのに暗い声もあります。**

「うらめしやー」は、高いのに暗いのです。

幽霊なので、呼吸量がないからです。

緊張していると、体がかたくなって、肺が動かなくなります。
過呼吸になって、呼吸が浅くなるのです。

27
ことばで自分を
高める方法

## 浅い呼吸で話さない。

# 28 「○○さん、こんにちは、○○です。」までノンブレスで言える。

たまたまどこかで会った時に、「○○さん、こんにちは」で終わる人が残念な女です。

松竹梅の「梅」は、「こんにちは」だけです。

「竹」は、「○○さん、こんにちは」です。

**「松」は、「○○さん、こんにちは」のあとに自分の名前を名乗ります。**

知り合いに対しても、それをするのです。

大切なのは、これをノンブレスで、ひと息に言うことです。

小堺一機さんに街で出逢った時に、小堺さんは「中谷さん、こんにちは、小堺一機です」と、ノンブレスで一気に言いました。

呼吸が浅いと、「中谷さん、こんにちは」で一度切れます。

ここで息継ぎを入れると、「何かよくない話かな」と予感します。

小堺さんだということは、十分わかっています。

名前をつける必要は、まったくありません。

にもかかわらず、小堺さんは挨拶に必ず名前をつけるのです。

これが人に覚えてもらえる人です。


**誰かわからない人に限って、名前を名乗りません**。

そのかわり、「〇〇さん、こんにちは。覚えてます？」と言うのです。

しかも、1回会っただけの人です。

「どこで会いましたっけ」と、せっかくここで感じ悪くならないようにまとめようとしているのに、「あっ、覚えてない。冷たい」と言うのです。

名前を言うチャンスに名乗らないので、よけい覚えてもらえなくなります。

やがて覚えた時には「イヤな人」として覚えます。

これは習慣です。

ノンブレスの間は笑顔が続いています。

息継ぎする時に笑顔が消えます。
暗くなって、表情がダラーンと下がるのです。

28
ことばで自分を高める方法

## 名前を添えよう。

# 29 挨拶に、ひと言を添える。

挨拶は誰でもします。

ところが、「こんにちは」という挨拶だけで終わる人が多いのです。

ここに、「この間、いただいたあれ、おいしかったです」「この間、教えてもらった本を読んだら面白かった。超ヘンな本ですね」というひと言をつけ加えるのです。

そのためには、相手のことを覚えておく必要があります。

**「この間、お手紙ありがとうございました」とか、「新聞で見ました」と言われると、コミュニケーションしようという意思が感じられます。**

「こんにちは」で終わるだけでは、話がはずまないのです。

29

ことばで自分を高める方法

# 挨拶だけで、終わらない。

# 30

# いい女は、お会計をしている間に、お店の人と話せる。

食べ物屋さんで、男性がカードでお会計をします。

この間、女性には待ち時間が生まれます。

いい女は、この時にお店の人と「今日はおいしかったです」というやりとりができます。

残念な女は、手持ち無沙汰でメールを見ています。

連れの男性が化粧室に行っている間、お店の人と話せるかどうかです。

取引先だったり恋人だったり、自分が一緒に行った相手とは一生懸命に話をします。

お店の人と会話をする余裕が、どれだけあるかです。

たとえば、オープンキッチンとか鉄板焼などの目の前にいるシェフと話せることが余裕です。

**初めて行ったお店のカウンター席で、隣のお客様と話せることが余裕です。**

私の行きつけの天ぷら屋さんは、最後に隠れメニューの「きなこもち」が出ます。

私がそれを食べていると、隣にいた初めて来たらしいカップルの女性が、こちらを見ています。

「サインしてください」と言われるのかと構えていたら、「それなんですか」と聞かれたのです。

私は「これね、おいしいよ。きなこもち。あとで頼むといいよ」と言いました。

きなこもちは隠れメニューなので、ひょっとして勧めてはいけなかったかなと思って、あとで店長に聞いてみました。

店長は「全然大丈夫です。あの人も注文されていました」と言いました。

残念な女は、カウンターで2人きりの世界に入ります。

残念な男は器が小さいので、彼女が隣の人と話しているとムッとします。

隣の人に「1個食べてみて」と言われて、「すみません、これ、お返しにどうぞ」と言えるぐらいの余裕が欲しいのです。

会話は余裕です。

余裕があると、プラスアルファのやりとりができます。

**余裕がないと、必要最低限の不機嫌な話しかできなくなります。**

言語能力がないからではありません。

心の中にムダな会話をする元気が残っていないのです。

高いお店で緊張しているということもあります。

緊張をほぐすのが会話です。

黙っていると、よけい緊張度が増していきます。

お店の人は、緊張をほぐすために一生懸命話しかけます。

それでも余裕がない人はノッてこないのです。

私の妹の家族が、「一生に一度だけ」ということで、ホテルの鉄板焼を食べに行きました。

メニューをパッと開いて、無言で一番高いものをポンと指さしました。

怖くて緊張して、お店の人に「これなんですか」と聞けなかったのです。

30
ことばで自分を高める方法

## お会計の間に、お店の人と話そう。

# 31 「何を話すんですか」より、「何を話すんでしょうね」。

TVに出てくる人は、話し方の細かいところでの達人です。

私は今、TOKYO MXテレビの情報番組『モーニングCROSS』にコメンテーターとして出演しています。

MCの堀潤さんは、聞き方が感じいいのです。

たとえば、ある人が選挙に出ることになって、その党の偉い人と今日会うという話をしました。

普通は「今日会って、なんの話をするんですか」と尋ねます。

堀さんは違います。

「今日会って、なんの話をするんでしょうね」と言うのです。

「なんの話をするんですか」と言うと、詰問になります。

**「なんの話をするんでしょうね」と言われると、ついポロッと言いそうになります。**

これが客観表現です。

「お茶が入りました」と同じです。

特に、堀さんは「ね」の言い方が絶妙なのです。

しかも、相手に正対しないで、わざと少し斜めに体を倒しています。

ＴＶには勉強になることがたくさんあります。

それに気づくかどうかなのです。

31

ことばで自分を高める方法

詰問しない。

# 32 いい女は、話し始めまで、ノータイムで即答できる。

いい女と残念な女の違いは、リズム感です。

いい女は、ノータイムで吸い込まれるように相手の話に入っていきます。

**残念な女は1拍遅れます。**

合流がヘタなのです。

これが一番危ないです。

「行かないなら、こっちから行こう」と出て行くと、その瞬間、向こうが出てきてぶつかります。

残念な女は、相手から聞かれた時に、1拍あけるクセがあるのです。

32

ことばで自分を高める方法

# 1拍あけるクセをなくす。

# 33 正解より、スピードが勝つ。

1拍あけるのは、正解を考えているからです。

もう1つは、「こんなことを言ったら相手にどう思われるか」と考えて、自分の中で言葉を飲み込んでいるからです。

頭の中で社内会議があって、稟議《りんぎ》を上げて、判子をもらって、「てにをは」を直してという作業があるのです。

**言葉は、思った時に素直にスッと出すのが一番出しやすいのです。**

1回ためらうと、そのあとは出なくなります。

ゴルフと同じで、アドレスが長くなると、体がかたまって素直に打てなくなるのです。

これはクセです。

スッと言葉が出せる人と、1拍あく人とに分かれます。
1拍あく人は、10拍あいて、結局、出なくなります。
クイズの答えは、間違ってもいいから、とにかく書くことです。
間違った答えは書きたくないので、つい空欄にしてしまいます。
1回でもパスすると、そのあとの答えがひとつも浮かばなくなるのです。

33 ことばで自分を高める方法

## 正解を話そうとしない。

# 34 「一番は」という質問は、相手が答えにくい。

質問の仕方で、いい女と残念な女とに分かれます。

残念な女は、質問がヘタです。

「中谷さんの本の中で一番これを読んでほしいという本はどれですか」

「中谷さんは映画をたくさん見ていますが、一番いい映画はなんですか」

と聞くのです。

残念な女は「一番」という言い方をします。

「一番」と言われると、なかなか言えません。

返事がしにくいのです。

これが残念な女のヘタな話し方です。

**結局、こういう質問をする人は、本を教えても読まないし、映画も見ません。**

そもそも本や映画が嫌いなのです。

効率を考えて、「一番だけ読もう」という感覚です。

レストランに行って、「一番おいしいのはなんですか」と聞くのは、失礼な発言です。

まるでおいしい料理の順番があるような聞き方です。

子どもがいる人に、「一番かわいいのはどの子ですか」と聞くのもおかしいです。

「一番」という言葉の裏側に隠れているのは、「私はムダなことはしたくない」という効率主義です。

相手が答えにくい質問はしないことです。

**いい女は、質問のかわりに「一番」を使います。**

「私、一番あれが好き」

「今日食べた中では、一番あれがおいしかった」

と言います。

決してほかのものはおいしくなかったという意味ではありません。

レストランでは、「これが一番おいしかった」という料理をお店の人に言っておくと、覚えてもらえます。

「一番」は、質問ではなくて、自分が話す時に使う言葉なのです。

34
ことばで自分を高める方法

## 「今までで一番感動した本を教えてください」と聞かない。

# 35 話す時に大事なのは、要約・論理・修正。

残念な女は、話す時に大切な①「要約」、②「論理」、③「修正」の3つができません。

①「要約」とは、整理することです。

「アイスコーヒーを5つ、紅茶を1つ」ということです。「Aさんはコーヒーが苦手なので」という補足説明はいりません。

最低限必要なところに絞り込んで話せばいいのです。

②「論理」は、「こうだから、こう」という流れができていることです。

③「修正」とは、相手が興味を持っていない、食いつきが悪いと思ったら捨てることです。

**残念な女は、要約ができずに、「そこ、いらないよね」というよけいなことをた**

**くさん話します。**

大体よけいなところは、

「この間、ミラノに行ったらね」

「この間、〇〇さんとお茶をした時……」

と、自分の自慢話が入っています。

関係ない自慢話をチョコチョコ挟む人は、論理で話していません。感情だけで話を展開しているのです。

修正ができない人は、自分が話したいことは相手が食いつこうが食いつくまいが、最後まで話し切ります。

相手がゴルフをしない時は、ゴルフの話はしなくていいのです。

プロゴルファーにゴルフの話を振るのもNGです。

プロゴルファーだからといって、1日中ゴルフの話をしているわけではありません。

ところが、たいていの人はゴルファーにはゴルフの話を振ってしまいます。

しかも、聞きかじりの話をします。

よけいイタい状態です。

ゴルファーには、「すみません、私、ゴルフしないので知らないので」と、ゴルフ以外の話をしてあげればいいのです。

**会話は、相手の食いつきかげんを見て話題を振る必要があります。**

**いい女は、相手が聞きたい話をしてあげます。**

聞き方で大切なポイントは、

① 共感
② 即答
③ 前向き

の3つです。

相手が何か話題を出した時に「ああ、あるある」「そういうこと、ありますよね」と言うのが「共感」です。

「即答」は、聞かれたらノータイムで答えることです。

「前向き」は、ポジティブな話へ持っていくことです。

この3つのポイントを踏まえて会話ができるのが、いい女です。

残念な女は、まず「そういうことってありますか。私はない」と言います。

それでは、話が終わってしまいます。

「えー、そんな人っているかな。私はそんなことは一度もしたことがない」と言う人は、相手のことを考えていません。

「死ぬ間際に食べたいお寿司のネタ3つ」と言われた時に「特に」と言う人は、お寿司が嫌いなのです。

「わかりません」

「なんて言えばいいんですか」

「別に」

という発言は、共感の否定です。

即答しないで「ウーン。ちょっと考えていいですか」と言われると、その間、会話がなくなります。

中には、「明日、死んじゃうんですか」と言う人もいます。

死ぬ話ではなく、死ぬ前に食べるお寿司の話です。

**前向きになれない人は、話のテーマを暗い部分でとらえます。**

「共感」「即答」「前向き」に話せるかどうかが、いい女と残念な女の分かれ目になるのです。

35
ことばで自分を高める方法

**聞く時には、共感・即答・前向きに話そう。**

# 4章

# いい女は、ゴキゲンな会話をする。

# 36 不機嫌な話をすると、相手はゴキゲンな話ができなくなる。

仕事でもデートでも、「自分が話したい話」と「相手が話したい話」とがあります。

たとえば、「彼がいつもグチばかり言う」と文句を言っている人がいます。

その原因は自分がつくっています。

1日のうちには、誰でもうれしいこととイヤなことの両方があります。

彼は、うれしい話をしようと思って来たのです。

**それを「ちょっと、聞いてよ」と、自分が先にイヤなことを話したのです。**

そのあとに、「僕はいいことがあってね」と言えなくなります。

仲よしであればあるほど、相手のイヤな話に自分も合わせてしまいます。

「僕もイヤなことがあった」「そういえば、私もこんなイヤなこともあった」

と言って、イヤだ、イヤだ、イヤだ……の連鎖になるのです。

「今日、うれしいことがあって」という話をしたら、相手も今日のゴキゲンな話を言いやすくなります。

相手からすると、せっかくゴキゲンな話をしようとしている時に、いきなり出鼻を不機嫌な話でサーブされたら、そのあとの話はすべて不機嫌な話になるのです。

その原因は自分がつくっています。

相手からゴキゲンな話のサーブが来た時に、ムッとする人がいます。

自分より相手がハッピーな話は面白くないのです。

たとえば、友達に合コンで知り合った男性から連絡が来ます。

**ここで「どういうこと？　私には来ていない。そんな男やめな」と言うのです。**

相手のゴキゲンな話を自分の不機嫌な話で叩き潰すという展開です。

結果、どんどん不機嫌な話になっていきます。

ゴキゲンな話と不機嫌な話が、まんべんなくある状態はありません。

自分の中では「まず不機嫌な話をして、そのあとにゴキゲンな話に持っていこう」という計画があります。

現実は、そうはなりません。

相手が不機嫌な話に同調するからです。

不機嫌な話に不機嫌な話で返すので、延々と、不機嫌な話が続くのです。

特に、会ってすぐの冒頭の話題が不機嫌で始まると、その人は次に会ってもらえなくなります。

「あの人は、いつもサーブが不機嫌な話だよね」と思われるからです。

誰しも不機嫌なこととゴキゲンなことの両方が起こっています。

不機嫌なことは黙っていればいいのです。

36 ことばで自分を高める方法

## 不機嫌な話題を出さない。

# 37 声が大きく、話が長くなるのは、おばさん化だ。

会話がおばさん化していく原因は、

① 声が大きくなる
② 話が長くなる

の2つです。

**いい女は、声が小さくて、話が短いです。**

声が大きくなっていく人は、話が長くなります。

自分が今どれぐらいの音量で話しているか、その場によって把握する必要があるのです。

静かなお店や高級なレストラン、ホテルで大声で話す人は、実は緊張しています。

そのためにオバチャン度が増しているのです。

高級ブティックやブランド店に行って大声で話す人も、緊張して舞い上がっているのです。

**オバチャンでよくあるのが、ケータイで話す時に大声になって、自分がまわりから浮いているという状況に気づかないことです。**

単に、公共の場でケータイを使うことがよくないのではありません。

大声で話すことがよくないのです。

新幹線に乗っていると、デッキに移動してケータイで話している声が車内まである聞こえという人がいます。

ケータイを使う時は、デッキへ出るだけでなく、声を抑えることも大切なのです。

37

ことばで自分を高める方法

# 音量を、小さくしよう。

# 38 「私ですか……」と言うことで、相手のテンションが下がる。

「○○さん、どう思う？」と指名された時に、「私ですか」「なんで私ですか」と言う人は1拍遅れます。

私は、そういう人は次からは当てません。

「ごめん、見物の人に当てちゃった」と言います。

会話を振られるのは、チャンスを与えられたということです。

野球で、監督に「代打はおまえが行け」と言われた時に、「私ですか」と言う選手はおかしいです。

スピーチを当てられた時に、「私ですか？　○○さんからどうぞ」と言う人はチャンスを逃しているのです。

「私はなぜ当ててもらえないんだろう」「私はなぜ指名してもらえないんだろ

う」と疑問に思う人がいます。

**会議で、「この企画、みんなの意見を聞こうか。じゃ、○○さんから」と指名されて、「エッ、私からですか」と言う人は、次から当ててもらえません。**

何かの場で話すチャンスを与えられないのは、こういうことが過去に経緯としてあったのです。

自分が原因をつくっているのです。

せっかく当てられた時に「あなたからどうぞ」と言わないことです。

カラオケでは、一番に歌えることが大切です。

「あなたからどうぞ」「お先にどうぞ」と言うのは、残念な女のやりとりなのです。

38

ことばで自分を高める方法

## 「あなたからどうぞ」と逃げない。

# 39 「好きな人となら、話せる」というのは、ウソ。

「なかなか恋人ができない」と相談されることがあります。

その時、私は「好きな人は緊張するだろうから、好きでない人から練習しよう。どうでもいい人だったらできるでしょう」とアドバイスをします。

好きではない、どうでもいい人と爽やかに話せる人は、好きな人と会った時でも話せるからです。

すると、「それはむずかしい。むしろ、私は好きな人だったら話せます」と不思議なことを言う人がいました。

実例がないほうへ逃げているのです。

「好きじゃない人には、好きじゃないという気持ちがあるので話せないんですよ」と言われました。

「好きな人と話せるなら、なんのトラブルもない。そのとおりやりなさい」と言って、その人へのアドバイスは終わりました。

一方で、「どうでもいい人とは話せるんですけど、好きな人と話すのは緊張する。緊張すると、ちょっと横柄なものの言い方になるんです」と言う人がいました。

緊張すると、たいてい横柄なものの言い方になるのです。

横柄なものの言い方をされたら、「相手は緊張している」と考えればいいのです。

横柄な人ではないのです。

**「緊張しているんだな、この人は。悪意があるわけではない」と考えられるのが寛大さです。**

「好きではない人とは話せるんですけど、好きな人と話すと緊張する」というのも、実はウソなのです。

実際は好きではない人ともうまく話せていません。

「でも、好きじゃない人と親し気に話していて、相手に勘違いされたらどうするんですか」

「あんな人のことで勘違いされたらイヤです」

と言います。

この人は人間をピラミッドで見て、カーストの中で生きているのです。

好きな人のことは緊張して、見上げます。

好きでない人のことは見下しています。

コミュニケーションは、上下関係ができてしまうとむずかしいのです。

**自分が好きな人からバカにされると思うのは、自分自身が、自分より下だと思う人をバカにしているからです**。

たとえば、役職が偉い人でも、人間的に上下関係があるわけではありません。

上下関係の中で生きる人は、会話で「あの人に勝とう」とするのです。

「私のほうがおいしいお寿司を知っている」とウンチクを語って、同じランクで競争をします。

しょせん、同じフロアの上で競争しているだけです。
1つ上のフロアの人とは、自分はバカにされていると思ってケンカができません。
これは自己肯定感の低さが原因です。
同じ人間同士で、バカにしたり、バカにされたりするのはおかしいです。
もともとコミュニケーションはフラットなものなのです。

39
ことばで自分を高める方法

## 好きでない人と、爽やかに話そう。

# 40 「なんで？」と聞くことで、相手を否定していることになる。

話し手が「最近、こういうのにハマっているんですよ」と言った時に、「なんでそんなことをやっているんですか」と聞くのは、一見素直な質問です。

ゾウガメを飼っている人に、「なんでゾウガメを飼っているんですか」と聞くのは、実は相手を否定しています。

私が競技ボウリングをしている時、「なんでボウリングをやっているんですか。意味がわからない。ムダじゃないですか」とよく言われました。

「なんで？」という質問は、相手を否定することです。

相手の趣味に対して、「そもそも始めたキッカケはなんだったんですか」と聞く人がいます。

**「キッカケがなければそんなことはやらないでしょう」という前提での質問です。**

好きなものにキッカケはありません。
「なんで？」と言ったり、キッカケを聞くのは、会話がヘタな人に多いです。
これは、相手がしていることに対しての否定です。
「どうせイヤイヤでしょう」と考えているのです。
相手が面白いと思うことを語っている時は、その楽しみ方を聞けばいいのです。

40

ことばで自分を高める方法

## キッカケより、楽しみ方を聞こう。

# 41

## 支離滅裂になるのは、自分の話していることを聞けていないからだ。

残念な女性は、話が支離滅裂になります。

自分が何を話しているかわからなくなってしまうタイプの人は、自分の話していることが聞こえていません。

話がだんだんズレていることがわからないのです。

そういう人は、同じ話をたくさんしたり、伏線を飛ばしたままにしたり、話がコロコロ変わります。

究極の原因は、自分の話していることを自分で聞けていないことです。

もちろん、相手が言っていることも聞けていません。

これは聴力の問題ではありません。

心の状態です。

**話すことで精いっぱいで、自分の話を聞く心のキャパシティーがないのです。**

話のつじつまが合わないのは当たり前です。

それでも話したくて、つい口で話をしてしまいます。

話は、耳でするものです。

耳の感受性が豊かな人ほど、話し方がうまくなるのです。

41

ことばで自分を高める方法

## 自分で話していることを、自分で聞こう。

# 42

# 興奮している時は、自分だけがまくしたてていることに気づかない。

興奮しながら話して、何を言っているかよくわからないという人がいます。

「感動した」「面白かった」「おいしかった」は、ポジティブなことです。

一方で、超ムカついているという状況もあります。

こういう人がレストランで隣の席に座るとハズレです。

ある時、2テーブルある個室で、もう1つのテーブルのお客様が延々怒っていました。

聞こえてくるのは、「一緒に合コンしたのに、自分の連れのところへ連絡が行って、最低」という話です。

「誘われた自分はダシで、お目当ては別の子だった」という内容で、1時間ずっと演説が続いています。

興奮すると、自分自身の話が聞こえなくなり、話がエンドレステープになるのです。

自分で何を言っているかわからない状態です。

**興奮している時は、落ちつくまで話さないことです。**

**話しても、自分のイメージを下げるだけです。**

興奮していると、自分が思ってもいないことまで言ってしまうので、話すのは損です。

いい女は、興奮している時は話しません。

残念な女は、興奮している時ほど話します。

そこでチャンスをなくすのです。

興奮している時に、メールを送るのもNGです。

メールは取り返しがつかないからです。

会話も同じです。

特にムカついていることがある時は話さないことです。

自分自身を操作できなくなるからです。

脳の中がオーバーフローで、サーバーダウンしている状態でウワーッと話しても、相手にきちんと伝わらないのです。

42
ことばで自分を
高める方法

## 興奮している時は、話さない。

# 43 あとから来るほうが、ホンネだ。

恋愛相談で一番多いのは、「彼のことはすごく好きです。ただ1点、ここが嫌いなので直して欲しい」という相談です。

この人は、結局、彼のことが嫌いなのです。

「どうしようもない人なんです。だけど、ここだけはいい人なんです」と言えるのが「好き」ということです。

仕事を辞めたいと言っている人も同じです。

「仕事は好きです。職場の人間関係もいいんです。ただ1点、これだけが問題でイヤなんです」というのは、結局、その仕事がイヤなのです。

**「仕事は興味ないし、面白くない。人間関係も最低だ。だけど、この1点が面白いんだよね」という人は、仕事を楽しめます。**

ホンネは前の9割ではなく、うしろの1割に来ます。

「好きだけど、ここが嫌い」という言い方が、そもそも間違いです。

好きな人に自分の仕事を紹介する時は「最低な仕事ですよ」と言っておいて、「でも、1カ所挙げるとすれば、こういういいところがある」と言えばいいのです。

たとえば、見てきた映画の話をする時に、「超面白い」と言ったあと、「ただ、ここがいまいちなんだよね」と言うと、聞いた人は「じゃ、見に行かなくていいかな」という気持ちになります。

ところが、「DVDを待ってもいいんじゃないかな」と言いながら、「ただ1点面白かったのは、こういうシーンがあってね……」と言うほうが興味をそそられます。

これが聞いている人がゴキゲンになる話の展開なのです。

43

ことばで自分を高める方法

# 「好きだけど、ここが嫌い」より「嫌いだけど、ここが好き」。

# 44 質問文を反復しない。

残念な女の会話の特徴は、こちらから何か質問をすると、その質問文を反復することです。

たとえば、「出身どこなの?」と聞くと「出身ですか」と言います。

質問文の反復をされると、「それ、言わなくちゃダメですか」という拒否を感じます。

「堺です」と、答えから入ったほうが会話のリズムがいいです。

「出身ですか? 堺ですけど」と言うと、リズムが悪くなります。

質問に対して質問で返すのはNGです。

質問に対しては、すぐに答えを返します。

「死ぬ前に最後に食べたいお寿司のネタ3つはなんですか」と質問した時に、

「死ぬ前に最後に食べたいお寿司3つですか」と繰り返すと、テンポが遅くなります。

これが1拍あく状態です。

そのあとに「死ぬ前に最後に食べたいお寿司のネタ3つは……」と答えると、2回反復でムダな文字数を使っています。

**会話はクイズと同じです。**

**クイズは、ピンポンと押したらすぐに答えを言います。**

問題文をもう1回読む必要はありません。

「死ぬ前に食べたいお寿司のネタ3つは何？」と聞いて、「なってみないとわからない」と答えるのは、拒否です。

ビジネススクールでも、「今いる会社が倒産したら、君は今日から何をして食べていく？」と聞くと、「なってみないとわからない」と答える生徒がいます。

それは、想定問題を出している先生への否定です。

私は、そういうジャンルの人がいることに慣れているので、「じゃあ、君には聞かない。考える人に聞く」と言います。

そうすると、「会社が倒産したら何かで食べていかないといけないんだな。自分は何をしよう」と一生懸命考えて答えるのです。

関西人は、「もし」の質問が多いです。

いろいろなことを想像する会話で盛り上がれます。

「もし宝くじが当たったらどうする?」と、真剣にその設定に入っていくのが会話を楽しむということです。

これが、待ち時間がひとつも退屈しない会話なのです。

**残念な女は、架空の設定の話に入ってこられません。**

**この人は、芸術を楽しめないということです。**

もしもの話は意味がないと言い出すと、映画・演劇のすべてに意味がありません。

フィクションは読まないということです。

ドキュメンタリーや事実に基づくノンフィクションは読むけれども、文学作品は「しょせん、つくり話でしょう」と言います。

そうなると、『ロミオとジュリエット』も楽しめません。

残念な女は、ロマンチックな雰囲気を味わえないのです。

44
ことばで自分を高める方法

## 返事は、答えから入ろう。

# 45 子どものイヤな言葉は、ママの口グセがうつったものだ。

『どうせ私は』と言う子どもの口グセをなんとか直したいんですけど」と言う人がいます。

子どもの口グセは、お母さんの口グセがうつっています。

「どうせ私は」というのは、ふだんお母さんが言っている言葉です。

そのことにお母さん自身が気づいていないのです。

「私はそんなことは一度も言ったことがない」と言います。

子どもは、友達から覚えるよりも、はるかにお母さんから言葉を覚えます。

お母さんがひとり言で言っていることまで全部です。

残念ながら、接点が少ないお父さんからは覚えません。

究極は、おなかの中にいる時からお母さんの言うことを聞いています。

それが全部子どもの頭にインプットされているのです。

**自分がふだんどんな言葉を使っているかは、子どもが言っている言葉を聞けばわかります。**

子どもは、九官鳥と同じです。

九官鳥は、飼い主さんが話していることを勝手に覚えます。

「どうせ私は」「しょせんこの世は」というセリフは、阿久悠さん以前の昔の演歌によく使われていました。

子どもがそういう言葉を覚えるのはかわいそうです。

子どもに言わせたくない言葉は、お母さんが言わなければいいのです。

45

ことばで自分を高める方法

## 子どもに言わせたくない言葉は、言わない。

# 46

# 「あとは?」と聞くことは、「今の話は面白くなかった」という意味になる。

「こういうことがあってね」という話をすると、「あとは?」と聞く人がいます。

**「最近、こういうのにハマっているんですよ」と相手が話した時に、「ほかには?」と言うのは、「話題を変えろ」ということです。**

部下が「こんな企画はどうですか」と言った時に、上司が「ほかには?」と言うと、その提案は却下です。

「今日、すごい面白いことがあって」と言った時に、「ほかには?」と言われたら、「ボツですね」と言われているのと同じです。

自分で話す時も同じです。

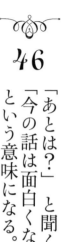

「今日、すごい面白いことがあって」と話したあとに、「あと……」と別の話を切り出すと、今した話を自分で切り捨てたことになるのです。

46

ことばで自分を高める方法

## 「あと……」と自分でも言わない。

# 47 「どういう意味ですか？」で、テンションが下がる。

たとえば、「〇〇さんて、アイドル系だよね」と言われて、「どういう意味ですか」と聞き返す人がいます。

本人は怒っているわけではありません。

ところが、言われた側からすると、「どういう意味ですか」は怒っているように感じます。

「△△のところがアイドルに見えるね」「〇〇さんて、ツンデレだよね」と言われても、「どういう意味ですか」と聞かないことです。

相手から何か言われたら、「あれ、私こういうことやってますか」と自分で仮説を立てればいいのです。

「〇〇さんて、Sだよね」と言われて、「どういう意味ですか」と聞き返すと、相手のテンションが下がります。

**いい女は、相手の発言の意味を相手に聞くのではなく、自分の中で勝手に解釈し、仮説を立てます。**

会話は、常にダイレクトに当たることではありません。微妙にブレながら、何回もキャッチボールして、ズレている部分を微調整しながら進んでいくのが会話です。

「ごめん、質問の仕方が悪かった」「言いたかったのはこういうことで」と、相手が言わんとすることを言い直すこともあります。

「どういう意味ですか」と言う人は、常に相手に意味を聞き続けます。

2人が同意見でない時は、「こういうことを感じている」「どういうところが違っている」と微調整しながら、お互いにあるところへ歩み寄っていけばいいのです。

47

ことばで自分を高める方法

# 意味は自分で仮説を立てよう。

# 48 方言の差がなくなって、上下の差が大きくなっている。

昔は方言があって、言葉は水平に分かれていました。

これが今と昔の会話で一番大きな違いです。

今はＴＶで学んでいるので、どんな田舎に住んでいる人でも標準語が話せます。

だからといって、みんなの言葉が同じになったわけではありません。

**今は言葉が垂直に分かれています。**

**「スゲー」「ヤベー」「ウザい」「ムカつく」と言っている集団と、「ごきげんよう」と言っている集団とに分かれるのです。**

自分では分かれていることに気づきません。

両者は違う世界に住んでいるからです。

同じ町に住んでいても交わらないのです。
方言を話す人にとっては、標準語のほうがなまっています。
「あの人、なまっている」「ヘンな言い方をしている」と思っています。
それと同じことが起きています。

**その世界を飛び出さない限り、自分がヘンな話し方をしていることに一生気づかないのです。**

怖いのは、言葉づかいは世襲されるということです。
子どもが生まれると、わかります。
親は自分の言葉づかいに不自由はありません。
子どもは、親の言葉づかいで育ちます。
子どもは、その言葉づかいの人としか出会えません。
結婚相手も、その言葉づかいの人になるのです。
親は子どもをいい学校へ入れようと頑張ります。
東大に入れるためではありません。

子どもは入った学校の言葉づかいになるからです。
学習院女子中・高等科は、帰る時に「ごきげんよう」と言うのが当たり前の世界です。
偏差値よりも、子どもの言葉づかいをランクアップするほうが価値があるのです。

## 48 ことばで自分を高める方法
## 話し方をランクアップしよう。

# 49 つまらない話は、長い。ダブルで、損をしている。

話には、

① 面白い話
② つまらない話
③ 長い話
④ 短い話

の4つのパターンがあります。

組み合わせとしては、「つまらない話で長い話」と「つまらない話で短い話」、「面白い話で長い話」と「面白くて短い話」があります。

**最低なのは、つまらなくて長い話です**。

ダブルでマイナスです。

つまらない話は、長いからつまらないのではありません。
たいていは、つまらない話が長くなるのです。
面白いかつまらないかは、聞き手の興味もあるので、自分では決められません。
話し手は面白いと思っても、聞き手がそのことに興味がなければつまらない話です。
面白いかつまらないかは、自分で操作できないのです。
唯一、自分が操作できるのは、長いか短いかです。
面白くない話で短いなら、まだ傷が小さくてすみます。
ところが、たいていつまらない話をする人は長いのです。
面白い話ほど短いです。
この2通りしかないのです。
面白い話は短いので「もっと聞きたい」となります。
長い話は、「面白くないクセに長い」「長い話を聞いたのにオチがない」となります。

「その説明はいらないだろう」「そこカットできたよね」というところが長いのです。

どうせつまらないのなら、短く話したほうが爽やかです。

残念な女は、相手が面白がってないなと思うと、さらに説明を加えます。

その結果、面白くない話で長くなるという負の連鎖に入っていくのです。

## 49 ことばで自分を高める方法

## どうせつまらないなら、短く話そう。

# 5章

# いい女は、大人の話し方をする。

# 50 いい女は、タクシーの運転手さんに、「ありがとうございました」と言える。

たとえば、取引先の人と一緒にタクシーに乗ります。

タクシー代を取引先の人に払ってもらったら、誰でもその人に「ありがとうございます」と言います。

その時、タクシーの運転手さんにも「ありがとう」と言えるのが、いい女です。

食事をごちそうになった時に、お金を払った人には「ごちそうさまでした」と言いますが、お店の人には言わない人が多いのです。

結婚式でも、新郎新婦のご家族には「お疲れさまでした」「いい結婚式でした」「おめでとうございます」と言います。

大切なのは、ホテルの人にも「どうもお疲れさまでした」と言うことです。

お葬式でも、係の人だけではなく、葬儀社の人にも「お疲れさま」と言ったほうがいいのです。

一番よくあるパターンは、食べ物屋さんです。

**誰でもお金を払った人にはお礼を言いますが、お店の人には無言です。**

これが残念な女です。

残念な女も、お金を払った人には、お礼を言います。

プラス、お店の人にも言えるかどうかです。

タクシーからおりる時は、大体、女性が先です。

行動が伴う時は、言葉が飛びがちです。

「おりる」ということに意識が行ってしまうのです。

50
ことばで自分を高める方法

## 相手とお店の人の両方にお礼を言おう。

# 51 いい女は、一番大切な話から先にできる。

ある占い師さんのところでは、30分たつと、秘書の人が「お時間です」と言って入ってきます。

残念な女は、そこから「最後にこれだけ。私がうまくいかない原因はなんでしょうか」と聞くのです。

それが、その人のうまくいかない原因なのです。

なぜそれを最初に言わないのかということです。

一番聞きたいことは最初に聞いたほうがいいのです。

残念な女は、最初にどうでもいい質問をします。

それで時間がオーバーします。

秘書の人がまた入ってきて「すみません、そろそろ」と言うと、「あとあと、これだけ」と言うのです。

この人は、ふだんから人とコミュニケーションする時に、大切な話をうしろへうしろへと持っていきます。

**自己肯定感の低い人は、「こんな話をしたら、相手にどう思われるか」と思って、様子を見ながら探っていくのです。**

それまでの話は、まったく必要のない話です。

相手は「しょせん、この人の最初の話はどうでもいい話なんだな」と思います。

占い師の秘書の人は「私が3回入っていかないと、やめない人がいます」と笑っていました。

一番差がつくのが別れ際です。

私のところに相談に来る人も、

① 冒頭に大切な話を持ってくる人

② 最後に大切な話を持ってくる人

の2通りに分かれます。
冒頭で大切な話を相談できる人は、5分で解決します。
それを隠して最後に持ってくる人は、グズグズになります。
聞きたい質問を隠すための質問は、たくさん持っています。
最後に、「本当に聞きたかったのは、そういうことではなくて」と言うのです。
一生懸命アドバイスしている側は、「今までのはなんだったの」と、イヤになります。
ホンネを隠すために人と話しているようなものです。
話す量は多いのに、ひとつもホンネを出していないのです。

ことばで自分を高める方法 51

## 一番大切な話を、最後にとっておかない。

# 52

# 冒頭に「○○の件で」が言える。「今○○なので、これから○○します」。

残念な女の会話は、何の話をしているかわかりません。

いきなり話し始めます。

仕事でも、「今、お客様からお叱りの電話がかかってきて」と、大変な部分だけを語ります。

聞いている人は、「ちょっと待って、何の話？」となります。

**残念な女の会話は、いきなり「大変なことになりました」から始まって、何についてを語るかが飛んでいます。**

会話に件名がないのです。

いい女は、冒頭に「○○の件ですが」と言います。

相手はこれで何の話かわかるわけです。

「○○の件でお客様からこういうお叱りをいただいたので、今こういう対応をとっています」と言えばいいのです。

残念な女は、「とにかく大変なことが起こりまして」と、パニックになります。

聞いている側は不安でしようがありません。

「ちょっと待って、なんの話？」と聞かれると、「それどころじゃない」と言います。

さらに、「相手がわかってくれない。逃げた」と言います。

本人だけが何の話かわかっていてもしようがないのです。

わかりやすい話し方の要素は3つです。

**①　件名「何の件」**

**②　現在「今どういうことが起こっている」**

**③　未来「これからどうするか」**

を言うだけでいいのです。

タクシーに乗って、

「とにかく急いでください」

「とにかくこの道をまっすぐ」

と言うだけでは、運転手さんが不安になります。

これが仕事で多いのです。

仕事ができる人とできない人との分かれ目は、話に件名があるかないかです。

「報・連・相」においては、まず「○○の件」という外側の大きいフレームから話すことで、相手に伝わります。

件名は、ひと言ですみます。

「大変なことが起こっている」という現状だけを語ると、聞き手としては、何のことなのかわかりません。

これは相談ごとでよくあります。

「まず、ご説明すると……」と、状況説明から入ってしまうのです。

質問を最初に言うことです。

説明から始まると、どこが大切なポイントなのかがわかりません。

「会社を辞めようかどうか迷っているんです。今の状況は……」と質問を聞いてから説明を聞くから、ポイントがわかるのです。

「今、会社でなかなか大変なことが起こっていて……」という説明から始まると、話を全部集中して聞かなければなりません。

質問がわからないと、何の話かもわかりにくいです。

残念な女は、「まず説明を聞いてもらってからじゃないと、質問をしても意味がない」という形で延々説明します。

聞き手は、その説明を聞くことに集中して疲れてしまいます。

「まず、1行でいいから、質問を聞こう」と言うと、残念な女は質問ができません。

頭が混乱しているのです。

**今の大変な状況を長々と語って、「どうしたらいいでしょう?」と言います。**

聞かれた人は、「何を?・」と思います。

自分がいかに大変な状況に追い込まれているかを語って、「どうしたらいいでしょうか」と聞く人は、解決策を求めていません。

「自分の大変さをわかってほしい」と吐き出しに来た身の上相談です。

解決策を与えられたら頑張らなくてはならないので、悩みのまま持っていたいのです。

そのためには、できるだけ話を複雑にしたほうがいいので、登場人物が多くなり、話も長くなります。

結果として、「まず最初のところから話をしなければいけないんですけど」と、関係ない話がたくさん出てくるのです。

52 ことばで自分を高める方法

## 件名・現在地・目的地を言おう。

# 53 人の名前の入らない話ができる。

残念な女の会話の特徴は、話の中に人の名前が多いことです。

これは女子高生の会話です。

女子高生は子どもだから、まだ許されます。

女子大生も仕方がありません。

ただし、それでは就活の面接は通りません。

**面接で「○○さんがどうした」とか「○○さんの彼氏がどうの」とか、個人名が出てくることはないのです。**

ＯＬの会話で人の名前が出てくる時は、ほとんどがグチ・悪口・ウワサ話です。

画家や作曲家の名前は出てきません。

自分の所属している部署の中での会話は、知り合いの人の名前が出てくることで成り立っています。

これはワイドショー会話です。

毎日、同じ人ばかりと会っているとネタがないから、そうしないと会話が成り立たないのです。

53
ことばで自分を高める方法

## ウワサ話を抜け出そう。

# 54 「わかります」より「わかるような気がします」。

女子会の会話は、誰かが何か言うと「わかる〜」と言います。

女性同士のやりとりは共感で成り立っているからです。

これは、男性には通用しません。

女性は、仲間ハズレにならないように、わからなくても「わかる」と言う場合があります。

本当の共感ではなく、共感のフリをしているのです。

ただし、真剣な時は簡単にわからないほうがいいです。

たとえば、戦争中のつらい話を聞いた時に、「わかる〜」という言葉は軽すぎます。

ここで、いい女は「わかるような気がします」と言います。

**「これは簡単にわかったフリをしてはいけない。それぐらい重いことだ」と考えるからです。**

常に、その場に合わせた共感の仕方が大切なのです。

54

ことばで自分を高める方法

わかったフリをしない。

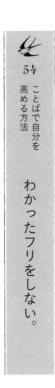

# 55 友達同士で話せても、話し上手にはならない。

「すごい面白い友達がいるんです」「あの人はお話し上手です」と紹介されて会うと、全然面白くないことがあります。

いわゆる内輪受けの友達です。

これは、女性の場合に多いパターンです。

内輪受けの話で、自分たちだけで楽しんでいるのです。

友達3人の中では盛り上がっても、それ以外の人には何を言っているかわかりません。

自分たちの外の人たちとはコミュニケーションできないのです。

たとえば、お食事会に友達2人で行きました。

お食事会の間、友達2人でずっと話して盛り上がっていました。

その盛り上がっている話の中身は、ほかの人たちには何もわかりません。

閉じた世界の中に逃げ込んでいるのです。

友達同士ではいくら話せても、それでは話し上手とは言いません。

話し上手とは、知らない人と話せることです。

**友達同士で話す時に、コミュニケーションの能力はいりません。**

**説明なくわかってくれるからです。**

わかってくれない友達がいても、「あの人はわかってくれない」と切り捨てることができます。

通じる人とだけつきあうのです。

会話で一番大切なことは、違うバックグラウンド、違う価値観を持ったいろいろな世界の人と出会い、

「そんな考え方もあるんだ。面白いね」

「そんな価値観もあるんだ」

「そんな生き方もあるんだ」

「そんなオシャレもあるんだ」

「そんな趣味もあるんだ」

と、コミュニケーションをとることです。

残念な女は、知っている人とだけ話せて、「私は話し上手」と思っています。

いい女は、知らない人と話をすることができます。

知らない人と話をする中で成長していけるのです。

知らない人と長話をする必要はありません。

二言、三言、旅先でやりとりができればいいのです。

残念な女は、旅をしても、友達同士でしか話しません。

旅先では、出会った人と話をすることです。

乗合バスに乗った時に、地元の人に「どこから来られたんですか」と聞かれて「〇〇です」と、やりとりをすることで、「旅行した」と言えるのです。

展覧会に行くと、学芸員の人がいます。

そういう時は、「これ、すごいですね」「これ、なんですか」と、学芸員の人と話をすればいいのです。

それなのに、残念な女は友達同士でずっと話をしていて、そもそも作品をよく見ていません。

話しながら歩いているだけです。

そういう人を見ると、「何しに来たの？」と不思議に思います。

どこの美術館に行こうが、どこの外国に旅行しようが、ファミレスで友達2人で話しているのとたいして変わりません。

話し方で大切なことは、どこかで黙る瞬間を持つということです。

黙る瞬間を持つから、景色を見ようと思う、作品を見ようと思う、学芸員の人と話をしようと思うのです。

**いい女の話し方を覚えたいなら、どこかへ旅をする時に仲よしと行くのではなく、ひとりで行けばいいのです。**

そうすると、話をせざるをえない状況になります。

四国八十八カ所巡礼が流行っています。

次にお参りするお寺は、地図を見ただけではわかりにくいので、必ず誰かに道を聞くしかありません。

そこで新たな出会いがあります。

そのために、わざと次に行くお寺がわかりにくくなっているのです。

八十八カ所めぐりは、結局、会話の練習、人と出会う練習でもあるのです。

55

ことばで自分を高める方法

## 知らない人と話そう。

# 56 いい女は、「ませ」を自然に使う。

言葉を使いこなせるかどうかの境目は、「ませ」です。

「行ってらっしゃい」と「行ってらっしゃいませ」、「お帰りなさい」と「お帰りなさいませ」には違いがあるのです。

病院に行くと、通常、「お薬を出しておきますから、様子を見てください。お大事に」と言われます。

別に違和感はないし、言葉づかいも悪くありません。

私のかかりつけ医は、個人医院のおじいさん先生です。

その先生は、最後に「ごめん下さいませ」と言うのです。

これだけで、この先生にすべてを任せたくなります。

優しい感じがするし、ちゃんと診察してくれそうです。

男性がメイドカフェにハマるのは、「お帰りなさいませ」と言われるからです。

ふだんは「お帰りなさい」とか「お帰り」です。

それすらないこともあります。

**「お帰りなさい」と言っている人は、自分ではちゃんとしているつもりです。**

**でも、さらにその上に「お帰りなさいませ」の人がいるのです。**

「秘書になりたい」と言っている人がいました。

秘書の能力は十分身につけています。

ふだん何げなく「行ってらっしゃいませ」「お帰りなさいませ」を言えているかどうかが、秘書に採用されるかどうかの分かれ目です。

そこで自分の職場のランクが決まるのです。

「私だって、そういう職場に行けば、そういう言葉づかいになりますよ」と言いますが、それはナンセンスです。

その人は、そもそも採用されないのです。

56

ことばで自分を高める方法

# 「ごめん下さいませ」を言おう。

# 57
# いい女は「ごきげんよう」がさりげなく言える。

話し方は、教わっているようで教わっていないのです。
誰でも友達とは話ができます。
そこに不具合は感じていません。
英語は教わらなければいけないというのは、わかっています。
日本語は話せているから、特にそれに対して不具合はないのです。
子どもは言葉づかいが、いいかげんです。
大学生までは、それでも許されます。
社会人になると、それでは許されなくなります。
だからといって、どうしていいかわからないのです。

英語なら、英語学校に行けばなんとかなります。

言葉づかいに関しては、教えてくれる人がいないのです。

言葉は自分がつきあっている人や、まわりから覚えます。

鳥のひなが、まわりの鳥や親鳥から覚えるのと同じです。

まわりのレベルは、それぞれ違います。

知らずしらずのうちに、あるレベルのところにいることになります。

20代は、まだ新入社員なので仕方ありません。

**30代になって、いい大人が子どもの話し方では恥ずかしいのです。**

いい女の話し方は、大人の話し方です。

いい女が子どもの字を書いていると、「オヤ?」と思います。

同じように、ルックスのいい女性が子どもの話し方をすると、いい女度がマイナスのギャップになるのです。

ほとんどの人が、「私はちゃんと話している」「乱暴で下品な話し方はしていない」と思っています。

ただし、「それぞれの所属する集団のレベルにおいて」という条件つきです。

今、中谷塾では、「じゃあね」「バイバイ」「さよなら」ではなく、「ごきげんよう」で別れることにしています。

**「ごきげんよう」は、最初はなかなか言えません。口が慣れていないので、照れくさくて小さい声になったり、噛んだりします。**

一番の原因は、「そんな言葉を言うのは恥ずかしい」という気持ちが先に立つことです。

それは「ごきげんよう」を言う集団に属していないからです。

「ごきげんよう」と言うと、まわりから「言い方がヘンだから、やめな」と言われる集団に属しているのです。

まず、「ごきげんよう」と言えるような場に自分を置くことです。

挨拶ひとつで話し方は変わってくるのです。

57

ことばで自分を高める方法

# 「ごきげんよう」と言える場所に行こう。

# 58
# 飛び越えて上品な言葉を話そうとしても、バレる。

「私だって『お帰りなさいませ』も『ごきげんよう』も言えるし、意味もわかっています」と言う人がいます。

「意味がわかる」と「使える」とは、まったく別のことです。

「意味がわかる」は、単語です。

「使いこなせる」は、語彙です。

**「使いこなせる」というのは、「無意識に使える」ということです。**

言う時に少しでも照れくささを感じる言葉は、「使える」とは言えません。

日本人の英語は、知っている単語は多いのに、使える語彙が少ないのです。

これが日本人の英語力の弱さです。

英語力よりも、もっと大切なのが日本語力です。

日本語の中で、どこかで聞いたことのある「ごめん下さいませ」のような言葉をどれだけ使えるかどうかです。

言葉の使い方が間違っているブログは、たくさんあります。

間違いをしながら、言葉を覚えていくのです。

ボキャブラリーは積み上げ方式です。

レベル1の人がいきなりレベル5の言葉を覚えても、土台がないので間違います。

**「レベル1」→「レベル2」→「レベル3」→「レベル4」と積み上げていって、初めてレベル5の言葉が使えるようになるのです。**

辞書には言葉の意味しか出ていません。

正しい意味がわかるだけでは十分ではありません。

正しい使い方がわかることで、使えるボキャブラリーも増えます。

ボキャブラリーを積み上げてこそ、正しい使い方もできるのです。

58

ことばで自分を高める方法

# ボキャブラリーを、積み上げてレベルアップしよう。

# 59

# いい女は、ウンチクよりも、味わうことを優先する。

残念な女は、オッサンのようにウンチク話をします。

オッサンは、ウンチクが多いのです。

大切なのは、好きか嫌いかです。

ワインを飲んだら、産地はどうでもよくて、「この味が好き」か「この味はちょっと苦手」のどちらかしかありません。

**そこで、「このワイン、なんだか知ってる？」とウンチクを話さなくていいのです。**

知っているか知らないかは、その味が自分の好みかどうかとはまったく関係ありません。

本当に通な人は、「自分はワインに詳しくないけど、好きなワインはある」

と言います。

このほうが余裕を感じます。

たとえば、女性に多いのが、お寿司屋さんに行って「この魚はどこ産ですか」と聞く人です。

産地を聞いて初めておいしく感じるのは、頭でっかちです。

自分の身体感覚を信じて、「これはおいしい」と味わっていません。

産地情報に、自分の舌がだまされています。

「〇〇産はおいしいはず」「△△産でなければいまいちのはず」と思い込んでいると、自分の舌を信じられなくなります。

先に値段を聞くのも「値段が高ければおいしい」「安ければまずいはず」という先入観で、自分の舌を信じていません。

**まずは、そういう情報を味わうのではなく、身体として味わったり、共有することが大切です。**

会話をすると、

①　情報が多い人
②　身体感覚で語る人
の2通りに分かれます。

残念な女は、情報で語ります。

いい女は、身体感覚で語ります。

「あの本、読みました？」と聞くと、残念な女は「あの本、売れてるんですよね」と言います。

売れているかどうかは関係ありません。

「超面白い本だった」という感想を言えばいいのです。

本を紹介する時も、「この本、売れてるんですよ」と言わないことです。

「これ、痛いことといっぱい書いてありますよ」

「アイタタとなることばかり書かれちゃって」

と、自分の身体感覚の痛みを言います。

「どんな本ですか？」と聞かれた時に、「300ページありまして」「1400

円で」という情報は必要ありません。
それよりは、「自分はダメな例ばかりにハマっている」と身体感覚で語れるほうがいいのです。

59

ことばで自分を高める方法

## 「この魚、どこ産ですか?」と聞かない。

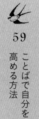

# 60 15秒で切ることができる話を、つなげていく。

いい女は、15秒で切れる話をつなげて連続物にします。

最長15秒で1つの話を完結させるのです。

15秒はけっこう長いです。

CMが1本できる長さです。

私はCMの世界で生きてきたので、15秒で完結できる話を連ねて、30秒、1分、3分、5分、10分と広げられるのです。

**いつでも15秒単位で切れるスキ間があって、そこで終わりにできます。**

これがいい女の話し方です。

残念な女は、「この話、30分かかるんだけど」と話し始めます。

最低のワンユニットが30分なのです。

この間、聞き手はずっと聞いていなければなりません。

それでは、「さあ、食べましょう」と、出てきた料理に手をつけられないのです。

**そうすると、「あの人は最低ワンユニット30分で話すよね」と一緒にごはんを食べに行ってくれる人がいなくなります**。

熱々の料理が冷めてしまって、お店の人にも嫌われます。

これは、女社長にけっこう多いです。

雑誌のインタビューで記者が1つ質問をすると、「話したいことがたくさんあるから」と言って、ずっと話し続けます。

インタビュアーは、「そのネタは使えない」と思っても、女社長の終わらない話をとめられなくて困るのです。

60

ことばで自分を高める方法

# 「長くなる話」をしない。

# 61

# ガマンしても、仲よくなれない。断りながら、仲よくなれる。

いい女は、①明るく、②短く、③理由をつけないで、スッパリ断ります。

**「今日、帰りに飲みに行かない？」と誘われると、即、理由なしに「行かない」と言います。**

すぐ断らずに、「エッ、今日ですか」「行って何するんですか」「どこですか」と言うと、相手は期待します。

「ちょっと今日は予定があるので」と言うと、「明日は？」と聞かれます。

ムリヤリ口実をつけて引っぱって誘いを断っていると、最終的に「行く気がないなら、最初から言ってほしかったな」と、より嫌われます。

断り方の基本は、「明るく、短く、理由なく」です。
「行けない」ではなく、「行かない」です。
そうすれば、言われたほうも期待せずにスッパリ諦められるのです。

61 ことばで自分を高める方法

**即、理由なしに、断ろう。**

# 62 いい女は、別れ際の会話を、短くまとめられる。

残念な女は、別れ際にダラダラ話しています。
飲み会の店の外で、ずっと話しているのです。
別れ際は、気持ちが少し寂しくなる瞬間です。
今までみんなと一緒にいて、これから1人で帰らなければならないのです。
**いい女は、「楽しかった」と言って、1人でさっと帰れます。**
**これが心の余裕であり、自立心です。**
残念な女は、カーテンコールが長いのです。
アンコールで、何回も何回も出てくる指揮者と同じです。
指揮者の西本智実さんは、アンコールに1回しか出てきません。
これが西本智実さんの一番カッコいいところです。

何か高級な感じがします。

楽屋に行って、西本さんに「あれはカッコいいね」と言うと、「私、いつもああなんです。愛想ないと言われています」と言っていました。

お店の前で「このあとどうする、どうする」と言っている人は、そこから話が長くなります。

ここに高級な感じはないのです。

62

ことばで自分を高める方法

## 別れ際に、ダラダラ話をしない。

## 63

# いい女は、「こちらへ、どうぞ」とカウンターを拭いて誘う。

いい女は、言葉に必ずアクションが伴います。

「お茶が入りました」は、急須が完全に傾いてお茶をいれ切ったあとです。

いれたお茶を持ってきている状態です。

「お茶飲む?」は、まだこれからお湯を沸かすかどうか聞いているところで、めんどくさい感じがあります。

日本人は、マナー違反というところもあって、なかなか言葉と行動が同時にできないのです。

たとえば、大きい荷物を持って新幹線に乗りました。

その時、紳士は「載せましょう」と言うのと同時に、相手の荷物を上の棚に載せます。

ここで、残念な男は「載せましょうか」と言うだけで、手も出しません。

相手は、「大丈夫です」と遠慮します。

「載せましょうか」と言いながら荷物を上の棚に載せてくれる人には、相手も「ありがとうございます」となるのです。

ある時、私が大阪の立ち食いそばのお店に行くと、隣のオバチャンが向こう側に知り合いを見つけました。

「あら、〇〇さん」

「珍しい。ここ来るの?」

「ビックリした、私よく来るのよ」

と、カウンターの向こう側とこちら側でやりとりが始まりました。

**オバチャンもお客様なのに、「よかったらこっちにどうぞ」と言いながら、ダスターでカウンターを拭きました。**

そうすると、向こう側の人はこちら側へ移動しやすくなります。

これが、「こちらへどうぞ」という言葉にアクションがついている状態です。

残念な女は、言葉とアクションが分離しているのです。

「こちらへどうぞ」と言うだけでは、相手は「本当に行っていいのかな」と迷います。

「カバンを持ちましょうか」と言いながら何も動かない人に対しては、相手は遠慮します。

紳士は、「カバンを持ちましょう」と言いながら相手のカバンを持ちます。

車が来て「危ない」と思う時は、相手を安全なところへ誘導します。

「危ない」と言うだけでは、相手を助けようとしないで自分だけが逃げています。

いい女になるためには、言葉とアクションが分かれないように、言いながらワンアクションをプラスすればいいのです。